AF390136

Les Amours tragiques

de la première

Princesse de Lamballe

J.-H. ROSNY JEUNE
de l'Académie Goncourt

Les Amours tragiques
de la première
Princesse de Lamballe

PARIS

LIBRAIRIE ALPHONSE LEMERRE

23-33, PASSAGE CHOISEUL, 23-33

M DCCCCXXX

Les Amours tragiques

de la première

Princesse de Lamballe

I

M. le prince de Lamballe allait sur ses douze ans.

Il était sujet à des fugues auxquelles son gouverneur s'opposait, mais que l'abbé de Florian accueillait avec moins de rigueur... Quant à M. le duc de Penthièvre, il réclamait pour son fils la plus grande indulgence :

« Laissez-le donc tranquille; si nous le tourmentons, il s'en ira peut-être si loin, que nous aurions peine à le retrouver? Il est agité par un esprit de mouvement et de liberté dont il ne sait que faire et dont il ne fait pourtant pas mauvais usage;

et par exemple, hier, savez-vous ce qu'il est allé faire en s'échappant comme un chevreuil à travers les bois et les rochers, jusqu'à deux lieues d'ici ? il est allé dire ses prières du soir avec l'ermite de la Chesnaye. Surveillez-le bien, mais ne le punissez pas; je vous le défends, mon cher Abbé. »

Ce petit portrait moral de son fils montre combien M. de Penthièvre fut un disciple de Fénelon et de Rousseau.

L'enfant n'a garde de manquer à toutes les belles choses qu'on attend de lui... Il s'échappe souvent dans les campagnes... Quand il se sent en liberté, son cœur tressaille de joie... Il va se cacher dans les belles forêts, et c'est pour s'asseoir et pour y rêver. Après quoi, il entre dans une chaumière et y mange le « pain bis et le lait » de Jean-Jacques. Il fait la conversation avec une vieille paysanne ou suit avec attendrissement le convoi d'un ouvrier agricole derrière les parents jusqu'au cimetière du village...

Le considérait-on avec un air surpris, il s'enfuyait...

Réserve faite, on devait le regarder tout de suite avec un air surpris; car on ne s'appelle pas M. de Lamballe, on n'est pas prince, et tout vêtu de velours et de soie, pour aller suivre un enterrement de village...

Et quand on aurait été vêtu de futaine, est-ce que les soins du corps, toujours si peu pratiqués dans nos campagnes, n'auraient pas attiré l'attention ? Ce joli visage bien lavé, cette chevelure à trois rangs de boucles, cette petite queue, cette poudre !...

Mais telle est la puissance de la littérature : la réalité se moule sur elle, ou, tout au moins, la forme de la pensée et l'extérieur des actions.

Notre jeune héros a beau être le fils du duc de Penthièvre, être le petit prince de Lamballe, être un charmant petit roux, — ce que la poudre pouvait cacher, — avoir les yeux dépareillés les plus jolis du monde, on ne le reconnaissait pas ! Les vieilles femmes sortaient, pour un gamin inconnu de tous, la bonne crème que la Grise s'était empressée de laisser tirer de sa blanche mamelle... Et que dire de la miche de pain bis ! L'hôtesse rustique fournissait la conversation, par-dessus le marché, ce qui est un plus fort miracle !

Je ne pense pas que les parents du défunt prissent Lamballe pour un cousin de Bretagne ?

Seulement, il fallait ce modeste incognito pour être un petit prince de la nouvelle méthode.

Fénelon, rêvant dans les campagnes, rapportait la vache d'une pauvre famille qui se hâtait de tomber à genoux devant leur évêque...

Le petit Lamballe courant les villages, nous allons voir qu'il ramena, lui aussi, la chèvre de Geneviève Galliot, et qu'elle sut le remercier en lui donnant son cœur...

C'était par un beau soir d'été...

Le soleil se couchait dans les gloires

rousseausistes... Le jeune homme, le jeune prince inconnu, se tenait sur un rocher près du château d'Anet, qui était son château. Il admirait la nature, il admirait ce crépuscule qu'on venait de découvrir... Voltaire lui-même se levait à quatre heures du matin pour aller saluer le soleil levant et s'écrier : « O grand être ! O grand être ! »

Les crépuscules se ressemblent assez pour que celui de l'aube rappelle celui du soir...

Le jeune Lamballe, donc, âgé de douze ans, beau comme un dieu, et bien placé sur son rocher, voyait disparaître le soleil tout comme Voltaire le voyait lever... Mais le prince aperçut un bien autre astre...

C'était une petite fille qui se battait avec une chèvre...

Ah ! la vilaine bête !...

Ne s'avisait-elle pas de lutter contre cette beauté campagnarde avec toutes les habitudes et toutes les ruses de l'espèce qui sont de reculer quand on les prie d'avancer, de se mettre à courir dès qu'on les invite au repos.

Celle-ci ne voulait pas s'arrêter !...

J'imagine, pour rester dans la tradition, qu'elle conduisait un peu sa maîtresse vers des précipices.

Il n'y en avait pas beaucoup près du château d'Anet ; assez cependant pour que la scène se terminât parmi des « quartiers de roche »...

La petite fille, traînée par sa chèvre, tout comme Hippolyte par ses « superbes coursiers », ne put résister : elle tomba de son long sur la terre... N'écoutant que son courage, aussi héréditaire dans la famille que les duchés et les principautés, Lamballe se lança à travers les rochers de la Thymerale et eut le bonheur de relever l'enfant.

Elle était, dit-il, charmante !

« J'essuyais son joli visage avec mon mouchoir, et ce furent ses larmes qui servirent de vulnéraire. Elle me souriait tout en pleurant; je n'oublierai jamais son adorable sourire, et je crois encore l'entendre dire avec une voix argentine, avec un accent de bonheur et de sensibilité radieuse: « Ce n'est rien du tout, rien du tout ! »

Le prince tenait son idylle, cette idylle qui était alors le rêve de tout prince, que dis-je, de toute âme un peu bien située; il tenait son idylle et ne la lâcherait plus.

C'est son œuvre, sa chose, la brebis du riche !

Sur l'heure, il essaya de lui donner un dénouement héroïque... Bondissant parmi les rochers, fripant ses habits, déchirant peut-être ses bas, dérangeant l'harmonie de sa coiffure, il captura la chèvre rétive.

Elle osa résister au prince comme elle avait résisté à la bergère !...

Il détacha son écharpe à franges d'or, — vous voyez qu'il n'était pas en vêtements de futaine, — et, ayant passé cette écharpe au cou de la bique, il la tira derrière lui... La petite fille, sans doute, ne pleurait plus, ou, du moins, ce qui restait de larmes dans ses yeux ne servait qu'à les rendre plus brillants... Elles l'empêchaient aussi de voir que cette écharpe héroïque avait des franges d'or; elles l'empêchaient de reconnaître dans ce jeune ami qui lui tombait du ciel, un fils de seigneur, et de quel seigneur !...

Ce trouble de la vue allait d'ailleurs persister chez elle en dépit des plus sérieuses circonstances, car Lamballe tomba, au détour d'une roche, sur le duc de Penthièvre, son père, entouré de toute une suite de gentilshommes... Ils devisaient, et, sans doute, eux aussi allaient contempler le crépuscule...

Ce père, si tendre, qui avait lu l'*Emile* avec tant de profit, sourit à l'action d'éclat de son fils et donna l'ordre à un gentilhomme ordinaire d'accompagner les deux enfants avec la chèvre capricieuse...

« Je ne vous gronderai pas pour aujourd'hui, dit-il en souriant... M. Fénelon valait mieux que vous : je l'ai vu reconduire au bercail, en habits d'évêque, une pièce de gros bétail qui s'était échappée de l'étable d'une pauvre veuve ! Allez, mon fils »...

II

Le fils unique du duc de Penthièvre, Louis-Stanislas de Bourbon, prince de Lamballe, quoique fort bien fait de sa personne, grand, vigoureux, les traits réguliers pleins de sensibilité, l'œil vif, ne pouvait, selon les préjugés du temps, paraître beau parce qu'il était roux. Encore dut-il se féliciter de ce que la mode fût à la poudre et aux visages imberbes...

Ce charmant garçon aurait connu de nos jours les plus aimables succès. Il possédait une autre particularité : il avait les deux yeux de couleur différente : il était vairon.

Encore une disgrâce, aux yeux de ses contemporains !...

Comme les cheveux roux, n'était-ce pas tout aussi bien une heureuse distinction, un charme ? Hélas ! nous n'aimons pas qu'un homme sorte du patron ordinaire; la malice du peuple, s'alliant à une lâcheté naturelle qui lui fait transformer les créatures exceptionnelles en parias, s'est attachée à jeter sur les roux et sur les vairons l'odieux et le ridicule...

Pourtant, celui-ci sortait d'une telle souche qu'on ne pouvait prétendre à l'avilir.

D'ailleurs, en dehors de la couleur de ses cheveux, il était comme nous l'avons dit parfaitement beau... Ce qui vaut mieux, il était parfaitement bien élevé.

Sa sensibilité naturelle avait beaucoup servi ses éducateurs, l'époque était à la sensibilité, à la vertu, prélude idyllique et pastoral à la Révolution.

M. de Penthièvre admirait fort M. de Cambrai, et *Télémaque* servit de porte d'entrée aux idées subversives, surtout parce qu'elles renversèrent la mentalité des grands et des petits seigneurs de la cour...

Le plus curieux mélange de philosophie et de préjugés habitait alors les cervelles... Convaincus de la supériorité effective du sang, attachés au Roi, à la religion et à la hiérarchie des castes, les nobles n'en adoptèrent pas moins avec enthousiasme le principe de l'égalité des grands cœurs et des grandes âmes. Ils ne perdirent pas une occasion de manifester leur respect pour tant de vertus cachées chez les humbles paysans...

Cela n'empêchait rien, d'ailleurs.

M. de Penthièvre, de sang royal, jouissait avec sérénité de l'immense fortune dont les lois du royaume lui assuraient la possession...

Il la dépensait princièrement, remplissant ses beaux châteaux des meubles les plus magnifiques, des meilleures œuvres d'art, montant les plus rapides chevaux, chassant à courre avec les plus admirables meutes.

Ce faisant, il accomplissait sa charge dans l'Etat, celle de Grand Veneur, et aussi cette charge d'être riche, qui doit être bien nécessaire puisqu'on n'est pas encore parvenu à s'en passer.

Il faisait toutes choses avec sensibilité, pleurant volontiers, enseignant à son fils les grands devoirs de la religion et de la bonté, et se contentait de tuer et de faire tuer par ses gardes autant de gibier qu'il fallait pour que les récoltes des pauvres paysans ne fussent pas endommagées... Répandu en larges aumônes, ainsi que le voulaient les évêques, il y ajoutait un soin plus intelligent, prêtant aux uns, donnant aux autres, suivant leurs capacités et leurs besoins : « Quarante écus au tisserand pour acheter du chanvre, un arbre au vigneron pour en surcharger la basche de son pressoir. »

Cette peinture idyllique des obligations du châtelain envers les pauvres de la commune pourrait sans grand' peine s'appliquer aujourd'hui à nos grands propriétaires.

M. de Penthièvre prenait au sérieux les attendrissements du bienfaiteur et les effusions de la reconnaissance chez l'obligé... Il ne cherchait pas trop loin les raisons d'une choquante inégalité; mais il la combattait dans ses discours...

Le cœur n'éprouve pas le besoin d'être raisonnable !

Le rôle du grand seigneur à qui les millions arrivent comme l'eau vient à la roue du moulin, lui était dévolu par les puissances supérieures. Il l'acceptait avec les correctifs de l'époque, son esprit travaillé par les livres des philosophes; mais ces correctifs n'avaient pas atteint les couches profondes de son être : il pensait en citoyen, il agissait en gentilhomme.

En tous cas, l'éducation du petit prince de Lamballe se ressentit fort de cet emballement philosophique...

Comme tant d'autres, il fut *Emile*.

On l'éleva pour sentir les beautés de la nature, pour avoir un cœur impétueux, une âme excessive, de grands et nobles sentiments...

Il les eut presque tout de suite.

Sans doute les dut-il en partie à l'abbé de Florian, son directeur... Car, bien entendu, le clergé, tout en luttant contre les « philosophes », se voyait, lui aussi, gagné par eux... Que de défaites dans une défense qui n'osait plus présenter que des arguments defensifs !...

Le temps était passé du brûlement des sorcières, des dragonnades !

La religion, devenue une dépendance de la philosophie, n'imposait plus rien : elle s'adressait au bon cœur de ses adversaires, dans l'espoir, sans doute, que Dieu ferait le reste...

Il était indispensable de mettre cette longue préface à la tragique aventure du prince de Lamballe; on ne la comprendrait pas si l'on ne se replaçait dans l'ambiance de l'époque. M. l'abbé de Florian, aussi bien que M. de Penthièvre, offrent l'exemple d'une faiblesse d'esprit alors générale.

Tout en luttant avec énergie contre des

doctrines qui doivent les déposséder, ils les adoptent avec fureur.

L'objet de leur amour sera muni d'un inépuisable réservoir de larmes, d'exclamations, de cris passionnés... Il aura appris à se confier, à se reprendre, à se donner avec feu et à ouvrir avec ferveur la porte à toutes les trahisons...

Il ressemble à ces héros des pièces de l'Ambigu que les titis avertissent de prendre garde à des coquins embusqués derrière les portants, et qui ne voyant rien, n'entendant rien de ce que voient et entendent les spectateurs, reçoivent finalement entre les deux épaules un coup de poignard qu'ils n'ont pas volé et dont ils se relèvent pour venir saluer le public...

III

La petite scène que nous venons de décrire, et où l'on voit le prince de Lamballe se jeter au secours d'une jeune bergère, prouve que l'esprit, qui vient généralement aux filles, n'était pas encore venu à Geneviève Galliot: elle ne s'étonna pas plus de la familiarité de son sauveur avec le haut et puissant duc, qu'elle ne s'était étonnée de l'écharpe aux franges d'or...

Elle ne reconnut pas dans Lamballe un gentilhomme !

Elle accepta l'aventure, l'amitié du petit garçon, plus tard l'amour !

Pour expliquer cette singulière cécité, Lamballe dit qu'elle ne s'était pas approchée et qu'elle n'avait pas entendu ce que son père lui disait...

Il y a là bien des contradictions avec ce que nous savons des mœurs campagnardes.

On peut admettre, à la rigueur, qu'une certaine placidité de nature, une certaine naïveté rustique, se mêlant chez Geneviève avec son ignorance, l'empêchèrent de se rendre compte de tout ce qu'il y avait de surprenant dans son aventure... Mais cette soi-disant placidité, cette soi-disant naïveté, vont un peu loin lorsque nous les voyons reparaître chez la mère de Geneviève... Elle non plus ne connaît pas l'enfant de son seigneur... Elle non plus ne distingue pas les vêtements, les traits, l'allure du petit prince, des vêtements, des traits, de l'allure d'un bourgeois du pays...

L'invraisemblance est criante.

Tout au plus peut-on admettre que Lamballe, pour les besoins de sa cause, arrange un peu les affaires... Il fallait que

Geneviève l'ait aimé dans une condition modeste, et il fallait aussi que la mère de Geneviève fût une sainte femme qui, sans penser à mal, laissa s'établir des relations entre sa fille et un jeune homme qu'elle a pris pour un petit monsieur du village...

Comme cela s'accorde avec l'esprit du temps, que cela fait une aventure, que cela fait un roman, Lamballe ferme obstinément les yeux...

Il va même en ajouter !

Nous allons assister à l'agonie de la mère de Geneviève, qui est malade de la poitrine... On saura qu'elle est la veuve d'un garçon de charrue, et qu'elle n'est pas une veuve ordinaire : qu'elle est l'ordre, le travail, la bonté, la sensibilité et la piété...

Et dans le récit que fait Lamballe à celle qu'il appelle sa maman Créquy, nous n'échappons pas à l'histoire d'une morte sur un grabat, à l'intervention d'un prêtre vertueux, au drame qui sanctifie, à la tragédie qui noie dans une heureuse émotion la résistance du lecteur.

Mais auparavant, il faut nouer l'idylle.

Le petit prince et la petite bergère sont en quelque sorte autorisés par la maman à se rencontrer... Il est vrai que ce sont des enfants; mais la mère reçoit toutes les pièces d'or et tous les cadeaux que Lamballe veut bien lui donner. La petite rapporte à la maison une croix en or, un cœur en or, et il est impossible que la mère n'y voie pas les dons de l'amour naissant...

On passe ce consentement tacite à une mère de la fin du dix-huitième siècle... Elle sait que la pauvreté est le pire déshonneur, et que tous les épilogues autour de cette vérité élémentaire sont des bavardages... Que Geneviève ait un enfant du seigneur, les exemples sont nombreux où cela rapporte gros, et, en tous cas, il n'y a guère de petit rustre qui ne reçoive avec complaisance une femme qui lui apporte en dot le fils ou la fille tout tournés d'un prince richissime...

Toutefois, cette situation banale ne con-

vient pas au fils du duc de Penthièvre...
Le cœur de l'excellent jeune homme se
révolterait à l'idée d'agir en simple cou-
cou...

Faut-il le prendre pour une sorte d'in-
nocent ? Je ne le crois pas. J'ai tout lieu
de supposer qu'il a formé lui-même une
légende si bien appropriée à l'éducation
d'*Emile*, et que la mère de Geneviève n'a
eu qu'à se laisser suggérer un rôle, comme
Geneviève à se laisser piper au doux langage de Louis, aux transports amoureux
et vertueux d'un disciple de *Télémaque !*

Et puis c'est un roman... Quelle femme
n'en rêve ?

Ce roman a toutes les douceurs. Le
prince, au matin, surgit par une petite
porte du château d'Anet, et s'avance sur
les rochers de Thymerale...

La chère doucette paît sa chèvre :

« Geneviève Galliot ne manqua pas de
revenir sur les rochers de la Thymerale
avec sa chèvre, et je ne manquai pas de
m'y trouver le lendemain, les jours sui-

vants, et jusqu'à la fin de l'automne. Je n'avais qu'une petite porte du parc à franchir. J'arrivais presque toujours le premier, j'apportais de l'herbe pour la chèvre, qui s'en retournait les mamelles remplies. Nous faisions des chapelles et des cabanes avec des branchages, et nous faisions des bouquets et des guirlandes avec des fleurs des champs. Je lui disais : Geneviève, voilà de l'argent pour ta mère, et je te donnerai pour tes étrennes une belle croix d'or...

— Avec un cœur d'argent, disait-elle en éclatant de joie.

— Avec un cœur d'or comme la croix ! Je t'aime tant, ma Geneviève, je t'aime tant, je voudrais pouvoir te donner tout ce que je possède et tout ce que j'aurai jamais !

— Oh ! moi aussi, monsieur Louis !... Mais c'est que je n'ai rien pour vous, reprenait-elle avec un air de tristesse et de résignation douce et confiante. »

Elle a quelque chose pour lui, et si elle

ne lui donne pas à cette minute-là, elle le lui réserve soigneusement pour plus tard. Sa vertu n'est pas de Fénelon ni de Rousseau; elle est d'Eve et d'Adam : elle s'appelle l'amour...

En attendant de se donner elle-même, — toujours l'heureuse tradition, — elle lui offre un bouquet de primevères des bois, de pauvres petites primevères jaunes, un bouquet qu'il conservera dans une cassette de bois de rose parmi une prière écrite par saint Louis, une relique de la vraie croix, une lettre d'Henri IV, un bracelet de perles, un portrait de sa mère, des cheveux de sa sœur...

Ne croyons pas qu'il n'a pas d'amour, ne croyons pas surtout que Geneviève n'est pas éprise... Seulement, l'amour tout court, cela paraît un peu sec, n'est-il pas vrai; et alors il faut l'exprimer dans la manière éternelle, avec des cœurs d'or et des fleurs du printemps...

Comme le récit du prince cache la passion sous la vertu, nous ne pouvons guère savoir ce que firent les amants; mais on peut imaginer à quel excès était arrivée leur liaison en assistant au désespoir du prince obligé de se passer un seul jour de sa chère Geneviève...

Un après-midi de la fin d'octobre, comme elle n'était pas venue au rendez-vous, le désespoir s'empara de lui; il rentra au château à la nuit close dans un état d'agitation qu'il eut bien de la peine à cacher à M. le gouverneur et à M. l'abbé de Florian.

Il y parvint cependant...

Hélas, on n'est pas prince sans quelque retour de bâton...

Il fallut feindre et obéir.

Deux valets de garde-robe s'occupaient de son coucher. Il les laissa remplir leur charge jusqu'au bout, se coucha, puis, à peine couché, se releva.

Les valets étaient partis.

Le château dormait.

Lui restait là debout, avec son angoisse au fond du cœur.

Pourquoi Geneviève n'était-elle pas venue ?...

On admire cette jeune passion inquiète, cette âme impatiente, ce cœur tumultueux... Le monde entier tourne autour de Geneviève...

Dix heures du soir sonnaient à toutes les horloges du château.

Par un hasard providentiel, mais qu'il devait payer par de grands tourments, les parents du prince ne se trouvaient pas à Anet : ils étaient à Rambouillet avec leur cour : seuls restaient les gens de la conciergerie et les gens du service... M. le gouverneur jouait au tric-trac avec l'abbé de Florian...

IV

Il fallait se décider : faire vite et bien.

Personne ne se fût jamais douté que le prince de Lamballe, si doux, si sérieux, si raisonnable, en serait réduit à agir comme Latude à la Bastille ! Il ouvrit avec mille précautions la fenêtre de sa chambre et, se cramponnant avec les mains, les pieds et les dents à toutes les aspérités, à tous les ornements sculptés de la façade, il arriva au pied du mur. De là, ce fut un jeu d'enfant de gagner la porte qui donne issue sur la Thymerale... Libre, il bondit parmi les rochers, et arriva bientôt devant la maison de Geneviève...

L'obscurité et le silence régnaient par tout le village, sauf dans cette chaumière dont la fenêtre était éclairée... Comme il l'a dit plus tard, à ce moment, cela lui parut naturel... Dans le petit jardin où il attendait son amie, rien ne pouvait le frapper qu'elle. D'être arrivé jusque-là, d'avoir montré tant de résolution, tant d'audace, lui faisait battre le cœur dans la poitrine...

L'homme s'éveillait dans l'enfant.

Il aurait défendu sa Geneviève contre tous les dangers; du moins le croyait-il; car, en vérité, nul plus grand danger que lui-même ne menaçait la jeune fille... Nous sommes ainsi faits. Eussions-nous cinquante ans, nous ne croyons jamais qu'il faille faire autre chose que de se rapprocher de l'objet aimé. Et l'objet aimé en est bien convaincu aussi. Se voir, s'embrasser, s'étreindre, tenir contre soi celle qui remplit votre cœur et votre âme, voilà le rôle des amoureux. Tant pis pour les lendemains s'ils ne répondent pas à la fête de la veille ou s'ils lui répondent par des désastres. Roméo montera toujours à son échelle de corde et Héro rejoindra toujours Léandre... Lamballe, dans le petit jardin, le sentit aussi vivement que les meilleurs amants de l'antiquité.

Là-haut, dans son lit de prince, parmi cette domesticité nombreuse qui ne vivait que pour lui, gardé comme un trésor par M. le gouverneur et par l'abbé de Florian, il était un paria; ici, parmi les fleurs flétries de l'arrière-saison, les fleurs plantées par Geneviève, son cœur se dilatait. Il devenait enfin un prince, le seul prince, le prince Charmant, celui qui donne son royaume pour un baiser de sa maîtresse. Dût-il l'attendre toute la nuit, elle finirait bien une fois par se montrer, et lui dont le cœur là-haut avait battu à rompre la poitrine, d'angoisse pour la santé de l'aimable enfant, de crainte de ne plus être aimé d'elle, lui se trouvait heureux de la savoir si près de lui, de respirer un air qu'elle avait respiré :

« Je restai plus d'un quart d'heure à contempler, par-dessus la haie du petit jardin, la porte de cette chaumière; je n'osais pas en approcher, mais dussé-je attendre jusqu'au lendemain matin, j'étais sûr de la voir : elle me dirait la cause de son absence; elle était là; j'étais ici, tout auprès d'elle; et les mouvements douloureux et désordonnés de mon cœur étaient apaisés... Il me semblait que je n'avais plus rien à désirer, rien à craindre, et qu'il me suffisait, pour éprouver un bonheur parfait, de me tenir tranquille, à l'endroit où j'étais, jusqu'au point du jour... »

Toutefois, le charme fut rompu... Il y avait à ce moment-là plus d'agitation dans la chaumière que dans le cœur du prince.

La porte s'ouvrit, une vieille petite femme se montra sur le seuil tenant dans ses mains tremblantes une lampe allumée.

Le vent rabattait cette flamme...

C'était une de ces lampes à l'huile dont chaque ménage conserve un exemplaire dans son grenier : un réservoir de cuivre au bout d'un long pied, une mèche trempant à même l'huile...

Cette mèche fumait.

La fumée s'en allait en longs fils noirs...

Oh ! porte devenue une tentation !

Etre dans le jardin de Geneviève, délices... Mais être dans la chambre de Geneviève ! Ainsi notre bonheur est fait de degrés : au dernier, nous sautons dans le noir. Dès que la vieille eut coupé une branche de la haie proche, Lamballe se glissa derrière elle :

« Je ne sais quelle idée sombre traversa mon âme, et j'entrai dans la chaumière à la suite de cette vieille femme... Geneviève, car je ne m'occupai d'abord que d'elle, je ne vis qu'elle, Geneviève était à genoux auprès du lit de sa mère à qui le vieux Curé de Rouvres administrait l'Extrême-Onction... Je vins m'agenouiller à côté d'elle; mais Geneviève ne jeta sur moi qu'un regard fugitif et distrait, presque indifférent. »

Voilà bien les amoureux ! La première pensée qui vient à celui-ci, c'est qu'il n'a pas sa part habituelle de caresses et de sourires... Geneviève, sa Geneviève, s'occupe d'autre chose que de lui. Elle est à sa mère mourante, elle est à Dieu ! Ah oui, l'amour plus fort que la mort... Soyez sûr que Geneviève se trouve dans le même état que lui; seulement, elle y met des formes... Elle a tressailli quand il est entré. Un grand feu intérieur l'a chauffée, et son bon petit cœur, si douloureux pourtant, a reçu une bouffée de joie céleste... Sa douleur même n'est-elle pas de l'amour, n'est-elle, en tous cas, vivifiée, magnifiée par l'amour ?

Elle se penche sur la main de sa mère, elle voudrait la rappeler pour lui dire son bonheur, sachant bien que la pauvre femme en emporterait quelque chose au paradis. Pauvre petite héroïne de la plus vieille, de la plus noble histoire que connaisse l'humanité !

« Ses yeux étaient fixés sur la pâle figure de sa mère, en contemplation douloureuse, en préoccupation lugubre, en désolation de ce qui lui survenait sans avoir été prévu ni présumé par cette pauvre enfant. Le bon vieux prêtre se mit ensuite à réciter les prières des agonisants... »

C'est ici le tableau habituel, et tant de réflexions qui sont venues à l'homme à la vue du prêtre aidant à l'agonie d'une malade, viennent aussi à Lamballe : Chateaubriand en a chanté les blandices... La mort est le thème éternel. L'Imitation y prépare jour par jour les initiés. Les prières, les macérations, pavent le vestibule funèbre où l'âme attend son jugement... Cette crainte de la dernière minutes est une si grande épouvante que la religion n'a créé ses ordres contemplatifs que pour apprendre à mourir... Puisque cette pensée vient gâter les meilleures heures du jour, les moindres joies, les plus humbles espoirs, eh bien ! qu'elle soit toujours présente, qu'elle ne puisse, du moins, pas nous surprendre. « Frère, il faut mourir, » s'écrie le trappiste...

Et, chaque jour, il creuse sa fosse.

D'ailleurs, cette consolation terrible, la Révolution va l'enlever aux âmes religieuses.

Elle ne laissera plus le temps de penser

à la mort. Elle enverra une machine à couper les têtes et à accroître les angoisses, les sueurs des agonies... Elle déshonorera la camarde, avilira les âmes, guérira la nostalgie paradisiaque des religieux, en plongeant leur triste mais auguste rêve dans la trivialité de la boue du sang...

M. de Lamballe et Geneviève qui sont amoureux, et donc invulnérables, ne voient que la poésie du drame, l'Ange et son épée, les immortelles et les asphodèles. Lamballe reprend les litanies de Saint-Jean-Jacques et devance les amplifications imagées de Chateaubriand :

« J'étais absorbé dans cette grande vision de la mort qui m'apparaissait pour la première fois, et, certes, la plus admirable chose de la terre est une mort chrétienne ! Le lieu de la scène était une cabane isolée, et l'on entendait mugir l'aquilon qui tourmentait et venait rafaler jusque dans les flammes de l'âtre, tandis qu'il agitait l'huis rustique et le petit vitrail à compartiments, à résille de plomb ; il y avait là-dedans une pauvre villageoise qui se mourait sur un lit de serge verte, deux enfants, un prêtre de campagne et une paysanne qui tenait un rameau de buis; mais lorsque la malade ne respira plus, et quand l'homme de Dieu se leva pour dire avec une expression d'autorité surhumaine : « Je vous absous, au nom du Père et du Fils et du Saint-Esprit; — partez, Ame chrétienne, et allez rejoindre votre créateur; » il me sembla que les cieux venaient de s'ouvrir, et je m'écriai d'une voix forte : — Ainsi soit-il ! Le curé, qui ne m'avait pas encore aperçu, retourna la tête en me disant : — C'est vous, Monseigneur?... — Oui, mon bon Monsieur, c'est moi, répondis-je en lui serrant les mains, prenez soin de Geneviève; prenez-la chez vous, monsieur le Curé, je vous en prie ! Je vous paierai la pension de Geneviève; vous l'emmènerez chez vous; vous allez l'emmener chez vous pour qu'elle ne couche pas toute seule ici, n'est-ce pas?...

L'amoureux a dominé sur le contemplateur...

L'intérêt le plus puissant qu'il tire de la scène, c'est que, désormais, Geneviève est à lui. La maman est partie. Il faut un tuteur à la belle enfant. Quel plus beau tuteur qu'un prince de quinze ans ! Pauvre gentil garçon qui va droit au malheur ! la route même de la passion.

Tout est bien puisque cette mort rassemble des amoureux.

Il le dit à la morte, pendant qu'il la veille...

Il sort la main calleuse hors du suaire : il la baise, il la presse, et il promet que Geneviève sera sa femme. C'est le retour au serment antique sur le Styx, le serment qu'on doit tenir. Il s'est hâté de le faire, ce serment, car l'occasion est unique. Il sait bien — ne le savons-nous pas tous — que la vie s'opposera au rêve, que la vie, c'est-à-dire son père, M. le gouverneur, M. l'abbé de Florian, et le chef de blason, qui est ici le roi lui-même, se lèveront pour lui reprocher d'avoir écouté la volupté au lieu de la vertu : « *Hercules, secutus est virtutem.* » Toi, tu suis ton cœur. Et que de nobles excuses ! Le curé les découvre pour lui, en acceptant de garder Geneviève :

« L'idée ne m'en serait peut-être pas venue; mais la Providence a ses intentions qui dirigent nos opérations, comme dit saint Thomas, et je pense que c'est le bon Dieu qui vous a fait venir ici tout juste pour me recommander Geneviève au moment de la mort de sa mère, à côté des reliques de cette sainte femme; car son âme est devant le bon Dieu, Monseigneur, et c'était un ange de vertu ! »

Geneviève écoute tout cela sans s'étonner... « Elle sourit à travers le déluge de ses larmes. »

Pour la première fois, elle apprend que son cher ami est un grand seigneur... D'ailleurs, Lamballe pense qu'elle était si naïve et si ignorante qu'elle ne faisait pas la distinction entre un bourgeois et un prince.

Nous ne pensons pas ainsi, car ces distinctions sont les premières que les petits rustres apprennent à faire... Mais cela ne retire rien à Geneviève, comme cela retirait peu de chose à sa mère... Les années du siècle qui allait suivre seraient bientôt là pour apprendre avec quelle facilité les maquignons devenaient des princes et les petites grues des impératrices... Ce n'est pas cela qui est difficile, ce n'est pas cela qui importe : la grande affaire est d'avoir une âme capable de contenir une grande dignité et un grand amour; la mère de Geneviève, et Geneviève elle-même, eurent cette capacité... La mère ne crut pas devoir écarter le calice des lèvres de sa fille, et sa fille le but, ce calice, avec la même force d'âme que Socrate... Seulement, nous pensons qu'elles furent plus médusées par le beau décor que ne le pensait le cher et beau Lamballe...

Le bon vieux Curé de Rouvres dut être fort embarrassé... Son devoir était d'empêcher que le jeune prince ne fît une « sottise »; mais les curés de ce temps-là étaient, eux aussi, atteints de philosophomanie. S'ils n'avaient lu Jean-Jacques, ils avaient au moins lu Fénelon.

Et puis, fallait-il s'embarrasser si tôt ?

Lamballe n'affichait que des prétentions humanitaires...

Le prêtre donc enleva la jeune fille du chevet de sa mère et la conduisit au presbytère de Rouvres... On allait en faire une demoiselle. Ce fut Lamballe qui resta avec le corps de Suzanne Galliot.

« Lorsque je me trouvai seul et face à face avec le corps de Suzanne, il me fut d'abord impossible de prier; il me semblait que j'avais à remplir, avant toute chose, une autre obligation plus urgente et plus obligatoire : « Oh ! dus-je dire à cette chair inanimée, à cette figure morte, à ce cœur inerte et ces entrailles muettes, oh ! soyez en paix ! J'aime votre fille, je l'aime, votre enfant ! Je la respecterai, je l'aimerai comme on aime les anges du ciel, avec qui vous allez veiller sur elle !...

Je l'épouserai... (lui dis-je avec l'accent d'une voix si profonde et si mâle, que j'en fus surpris moi-même et que ma propre voix me fit tressaillir, comme si j'avais entendu parler un autre que moi?). J'épouserai Geneviève, Geneviève Galliot, votre fille. Je le jure sur la sainte image du Christ que je fais toucher à vos lèvres... » Et puis je me sentis le cœur inondé d'attendrissement et, dominé par un sentiment de respect, je m'agenouillai sur le bord de la couche mortuaire, je découvris discrètement le corps de la défunte, et je pris sa main rurale et gercée, sur laquelle j'appliquai religieusement un baiser filial. »

Désormais le beau garçon du duc de Penthièvre a son secret, secret charmant qu'il entretient dans la solitude des grands de ce monde...

V

Quelques années coulent dans la paix...

Lui grandit, se développe, devient le puissant prince... Elle, élevée avec soin par le Curé de Rouvres, apprend la distinction des manières, et reçoit d'autres connaissances qui ornent son esprit. Rien ne pouvait dépasser la distinction naturelle de son cœur, et cette adoration pour Lamballe qui lui tenait lieu de tout...

Il est bien probable, malgré la promesse solennelle du prince à Suzanne Galliot, que la sagesse de Geneviève aurait arrêté le prince au moment précis où il allait commettre une action irréparable. Ne croyez pas que cette action irréparable aurait été celle de prendre dans ses bras la divine petite, devenue une femme charmante et qui serait devenue tout aussi bien une fervente maîtresse...

Cette action eût été la sagesse suprême.

Les deux amants auraient connu un bonheur conforme à leur destinée...

Mais Némésis veillait, prête à trancher le fil auquel était suspendu ce bonheur.

Le serment solennel, le vieux Curé de Rouvres, surtout Jean-Jacques, le philosophisme, la vertu, le retour à la nature, le mépris des grandeurs et l'amour de l'égalité y furent aussi quelque chose. Voici ce que le bon jeune homme en dit à la marquise de Créquy :

« Je l'aime, répliqua-t-il en battant la campagne Amoureuse et la plaine du Tendre; je l'aime et je l'aimerai toujours de toutes les puissances de mon cœur et de toutes les facultés de mon âme ! J'aime toute chose en elle, et jusqu'à l'infériorité de sa naissance. En pensant à la distance qui devrait nous séparer, je l'en aime plus tendrement encore et plus fortement ! Tout ce qui touche à sa famille est devenu pour moi cher et sensible, et presque vé-

nérable. Si je vous disais que j'ai fait ex-
humer son père et sa mère, et qu'ils sont
ensevelis dans l'église de Dreux (1), entre
le mausolée de la duchesse Diane et le cé-
notaphe d'Henri II... Je vous avouerai
pourtant que, si les parents de Geneviève
n'avaient pas été des gens respectables et
honorés dans leur pays, c'est une chose
qui m'aurait arrêté peut-être, et qui, du
moins, m'aurait torturé ! Car j'ai peine
à croire, encore aujourd'hui, que j'eusse
pu supporter cette sorte de chagrin !...
Mais, grâce à Dieu ! le mépris public ne
saurait atteindre la fille de la vertueuse
Suzanne et de ce brave Rémy Galliot que
tout le monde regrette. Je vous assure que
si l'on osait s'attaquer à la femme de mon
choix, à celle que je veux, que je dois défendre, je saurais bien me roidir contre les
obstacles du rang et du sang ! Mais le roi
n'est pas un tyran, madame ! »

(1) Cette assertion est d'une vérification difficile, car
toutes les sépultures de l'église de Dreux ont été profanées
le 29 novembre 1793. Les restes furent ensuite réunis le
28 juillet 1821 par Louis-Philippe d'Orléans.

Cette déclamation a sa valeur... Elle n'est pourtant que la justification d'une folie... Geneviève, livrée à elle-même, s'en serait très bien aperçue. Elle était trop amoureuse, trop éblouie pour avoir besoin d'un sacrement... Mais elle était aussi trop inféodée pour ne pas se rallier à l'idéal de son cher prince... La seule chose à retenir, c'est que cet idéal pouvait être tout autre. Puisqu'on suivait Jean-Jacques, ne suffisait-il pas d'offrir l'image de libres amants dans la nature, dédaigneux de vaines lois qui ne sont rien pour les cœurs épris... Hélas ! le bon garçon s'était mis à fréquenter, à l'insu de son père, un mauvais garçon, le duc de Chartres, et cette fréquentation donna le coup du lapin à une aventure qui aurait pu n'être que charmante et heureuse, avec un peu moins de déclamation et un peu plus de logique...

Le nouveau personnage introduit dans cette histoire est un personnage de marque. C'est l'homme qui doit mourir sur l'échafaud sous le nom de Philippe-Egalité. On ne peut pas tout croire de ce que ses ennemis disent de lui; mais il est impossible de défendre sa mémoire du soupçon de dépravation, de corruption et d'avarice dont elle est chargée. Il fut un terrible ennemi pour la branche régnante des Bourbons, pour Louis XVI et Marie-Antoinette... Sa main se retrouve dans les complots publics ou privés qui aboutirent à la Révolution. Il travaillait, d'ailleurs, ainsi, sans le savoir, à sa propre mort... Par la singularité du temps, il conserva sa fortune dans le bouleversement inouï de la société et put s'en servir jusque dans les heures les plus tragiques de 1792 et 93... Nous ne le verrons pas ici dans son action politique, élève de Machiavel, nous le verrons dans ses intrigues particulières, élève de Néron et de Borgia; misérable prince adonné à tous les excès du Régent, son grand-père...

Sa dépravation a été décrite par Choderlos de Laclos dans les *Liaisons dange-*

reuses... En partie, c'est la dépravation de l'époque; mais portée à sa plus haute puissance. Il ne subsistait dans la société de Philippe ni pudeur, ni honneur, ni amour du prochain, ni respect de soi... Si nous voyons fleurir dans Lamballe la philosophie et les mœurs nouvelles de Fénelon et de Rousseau, nous voyons aboutir dans Philippe-Egalité l'immoralité et la sécheresse de cœur du Régent... Mais cela ne vient-il pas de plus loin encore, et n'est-ce pas la fin de l'aristocratie française qu'il faut opposer ici aux débordements de la démocratie ?...

Ceux qui ont joui et ceux qui n'ont rien reçu en partage se trouvent représentés à cette époque par deux princes... La démocratie se cachera derrière les déclamations sentimentales et humanitaires d'un Lamballe; elle n'en sera pas moins féroce pour cela et terminera une courte et décisive carrière par les massacres de septembre et les guillotinades de la place Louis XV... L'aristocratie, sous l'image de

Philippe, se retirera dans le scepticisme et l'ironie. Plus tard, elle cédera la place, se réfugiera dans l'exil, comme dans une vengeance, échangeant le déshonneur du crime qui atteindra et tuera sa rivale, contre un autre qui la ramènera dans les fourgons de l'étranger...

Le plus curieux, c'est que deux princes incarnent ces principes : Lamballe dans son enthousiasme, son amour des humbles, son respect des idées, embrasse sans le savoir le parti des révolutionnaires; Philippe-Egalité, dans sa sécheresse, sa dépravation, sa corruption, son esprit d'intrigue, apparaît l'homme de l'aristocratie. D'ailleurs, Philippe ne fait que tromper la Révolution.

Celle-ci, dans son action violente et souvent sagace, tue l'aristocratie infâme...

Elle aurait aussi tué le prince ami des humbles, l'Emile du duc de Penthièvre, s'il eût vécu...

Par substitution, la seconde femme du prince paiera pour lui, Marie-Thérèse de

Savoie-Carignan sera massacrée en septembre 92, décapitée et mutilée, victime volontaire et expiatoire...

Il est probable que Lamballe, s'il avait connu cette mort, aurait fait mentir ses principes, à l'instar du duc de Penthièvre, obligé de maudire une Révolution qui tuait cruellement sa pauvre belle-fille, simple et douce comme toutes les Iphigénies...

Pour en revenir à notre histoire, disons que le duc de Chartres, futur beau-frère de Lamballe, reçut les confidences de Lamballe au sujet de son amour pour la divine Geneviève, élevée à la brochette chez le Curé de Rouvres, et devenue une charmante femme, ornée de toutes les grâces mondaines et spirituelles.

Philippe ne croyait pas à l'amour, sorte de maladie dont il n'y avait qu'à rire et à s'amuser. Les lecteurs des *Liaisons dangereuses* comprendront le genre de récréation qu'on y trouvait. Le récit de l'aventure de Lamballe donna donc bien à rire au petit-fils du Régent avant de lui donner à penser. Il n'y vit que niaiserie et hypocrisie. Un prince qui se voulait payer les joies de la sentimentalité à la mode sans mettre autre chose au jeu que la soi-disant bienfaisance d'élever une jolie fille au couvent pour la cueillir toute fraîche et toute pure, lui semblait digne de mépris...

Peut-être le disciple de Machiavel se serait-il contenté d'essayer de troubler le couple, s'il n'eût vu dans cette histoire un moyen de perdre Lamballe aux yeux du duc de Penthièvre, de le couler, comme disait le Chancelier du Palais-Royal, mauvais serviteur d'un mauvais maître (1)...

Philippe ne manquait point d'abonder dans le sens du mariage que Lamballe avait promis à Suzanne Galliot...

Il affecta de prendre fort à cœur l'avenir de Geneviève, les devoirs de son amant,

(1) Je rappelle qu'il s'agit de la version des ennemis de Philippe.

le respect de la parole donnée, toutes choses qu'il tenait à l'ordinaire pour de simples fariboles.

Il aplanit donc les difficultés, et fit consacrer chez lui le mariage de son futur beau-frère par l'abbé Maguire, aumônier de sa chapelle.

Il fit mieux : il fut un des témoins du prince...

Ainsi tenait-il le petit beau-frère dans sa main par le secret, et, d'autre part, se préparait-il à recueillir les fruits qu'un acte aussi patent de désobéissance au duc de Penthièvre et au Roi allait faire tomber dans la corbeille des d'Orléans. Car les enfants de Geneviève Galliot, nés d'un mariage secret et illégal, ne devaient pas être les apanagistes et les héritiers de l'immense fortune de M. de Lamballe. Philippe allait épouser la sœur du jeune prince et celle-ci serait la seule héritière de M. de Penthièvre... Fit-il plus tard, au cœur de la Révolution, le même calcul en ce qui regardait la malheureuse Marie-

Louise-Thérèse de Savoie-Carignan, la jeune douairière de Lamballe, amie de la Reine ? Ses ennemis l'en accusent....

Lamballe, qui se nommait à cette époque le duc de Rambouillet, était trop aveuglé par sa passion pour voir dans l'aide et les conseils de Philippe autre chose que les preuves d'une bonne amitié... Depuis que Geneviève avait été mise par lui au couvent, il n'avait pas manqué de suivre les progrès de sa beauté et de sa vertu... Il en était devenu follement amoureux, et l'on peut penser qu'elle lui rendait son amour, tout éperdue d'avoir à ses pieds un si grand seigneur et de se trouver appelée par lui à de si hautes destinées. Quand ces destinées n'eussent été que celles d'une maîtresse favorite, elles eussent déjà dépassé de beaucoup tout ce que pouvait espérer une pauvre petite paysanne...

En tous cas, elles eussent été plus claires et plus heureuses...

Le fourbe qui avait poussé au mariage

secret le savait bien... Et même, on assure qu'il escompta les ennuis de la belle enfant, et qu'il désira remplacer ou du moins suppléer le duc de Rambouillet.

VI

Ce pauvre duc n'en menait pas large... Philippe ne fit pas grand' chose pour lui enlever sa frayeur.

Lamballe, réduit à cacher ses amours, et vivant dans une crainte perpétuelle, acheta à Clamart une petite maison de campagne d'un M. Bouret de Valroche et y enferma Geneviève. Sans doute, choisit-il cette localité parce qu'elle était près de Sceaux-Penthièvre où se trouvait le château de son père.

Nous avons déjà dit que Geneviève aurait tout accepté. Elle crut donc que la petite maison de Clamart serait pour elle le paradis sur terre... Lamballe y viendrait habiter avec elle !

Il y vint, en effet, mais furtivement, et pas assez souvent pour rassurer un cœur qui ne vivait que par lui.

Dans les premières délices de la possession, il avait dû croire, lui aussi, que son bonheur était assuré pour toujours. Mais, le fabuliste l'a dit : « Fi du plaisir que la crainte vient corrompre ! » Lamballe sentit son grand amour se perdre dans les petits tracas...

La chose lui avait paru facile aussi longtemps qu'elle n'était qu'en projet.

Mené par son fourbe beau-frère et par le désir bien naturel qu'il avait de Geneviève, il avait franchi le pas. S'il eût compté avec les exigences de son rang, eût-il couru un tel risque ? Après un pareil acte, on renonce aux honneurs; on se retire de la cour, on va vivre, caché de tous, dans quelque terre ignorée... Au lieu de cela, Lamballe voulut continuer à plaire au duc de Penthièvre et au Roi, remplir ses charges, rêver d'un grandiose avenir !

Les deux choses étaient parfaitement inconciliables.

Sans doute, Lamballe, qui avait trop goûté au miel du rousseausisme, aux joies de l'affranchissement, s'était-il rendu compte ensuite qu'il était plus attaché qu'il ne croyait aux grandeurs de ce monde ? Sans doute aussi, l'enfant aimait-il un père adorable, et craignait-il, au-dessus de tout, de lui faire de la peine ?... En quoi nous jugeons qu'il se trompait, ainsi qu'il sera prouvé dans la suite...

Loin d'avouer son amour à tous, comme il le projetait certainement, il se déroba chaque jour davantage.

Philippe d'Orléans y aida...

L'homme louche avait pris peur, et ses craintes n'étaient pas sans fondement. Le Roi, apprenant sa conduite, pouvait le punir ; Penthièvre, le futur beau-père, celui dont les enfants de Chartres devaient hériter si Lamballe mourait, pouvait refuser sa fille au félon...

Rien donc ne vient détruire l'hypothèse que tous les moyens qu'on trouve dans les *Liaisons dangereuses* furent mis en œuvre pour séparer deux amants unis par le cœur mais séparés par la naissance.

Si les époux connurent une période de véritable joie, leur bonheur fut bien vite empoisonné.

Leurs plus beaux jours sont les plus beaux jours de toutes les amours clandestines, et peut-être de toutes les amours : ceux du début, alors que le cœur du jeune homme s'élançait vers la maison d'éducation dans laquelle Geneviève, chrysalide d'une paysanne, apprenait à devenir un papillon ducal...

Qu'elle était belle dans sa pureté, et quels élans de son cœur vers le plus doux et le plus aimable des princes !

Sans doute aussi, l'histoire ne le dit pas, trouvèrent-ils encore un autre charme à s'appartenir dans une liaison qui ne comportait aucun secret dangereux... Effusion de deux amants, don d'une virginité contre don d'une force...

La puissance, la richesse, ces sources de maux incalculables, dès qu'ils obligèrent le couple à user de subterfuges, n'apportèrent en ces débuts que les enchantements du confort, la joie des belles toilettes, des folles équipées, des abandons sans soucis, des minutes exquises...

Ce n'est certainement pas la première fois que les déclamations de la morale causèrent d'irréparables désastres; mais ce fut ici un désastre exceptionnel, parce que le bonheur promis eût été considérable dans la liberté, et qu'en voulant le soumettre aux convenances, disons-le hardiment, aux préjugés, on l'écrasa sous le poids d'une contrainte venue du dehors...

Qui donc eût blâmé les légères amours d'un prince avec une bergère ? Et, même s'ils n'avaient pas dû s'éterniser, même en admettant que le prince, pressé par sa famille, consentît plus tard à épouser une princesse, Geneviève Galliot n'aurait-elle pas puisé dans le souvenir de son bonheur le courage du sacrifice ?

Ce sacrifice même qu'aurait-il été ?

L'époque prêtait aux partages. La princesse aurait-elle pu se plaindre raisonnablement d'un mari qui, gardant une reconnaissance émue à la jolie femme qui avait rempli de baisers sa jeunesse, n'en rendait pas moins à son épouse légitime tous les devoirs d'un mari ?

Certes le dénouement d'éternité et de constance que nous souhaitons à toutes les idylles aurait manqué à celle-ci, et c'était dommage; mais depuis quand la perfection est-elle de ce monde ?

Si nous considérons le problème à résoudre, nous voyons qu'il était véritablement insoluble...

Geneviève Galliot ne pouvait, à elle seule, s'opposer à la formidable masse des usages du monde.

Sa vertu, son honnêteté, son amour, autant de faiblesses...

Une intrigante, une courtisane éhontée pouvait réussir, car le monde ne respecte que ceux qui le bravent ouvertement ; mais un pauvre petit prince épouvanté de sa propre audace, une pauvre petite paysanne vertueuse et douce ?

L'opinion publique, qui, pour être elle-même une prostituée, n'en est pas moins impitoyable à ceux qu'un sort néfaste livre à sa vindicte, l'opinion publique saurait bien les traîner sur la claie...

Rappelons-nous le siècle où vivent nos héros. C'est le temps où le comédien Molière ne doit pas trouver de sépulture ; le temps où Voltaire, à la fin d'une longue lutte contre ce qu'il appelle l'infâme, se convertit parce qu'il lui est insupportable de penser qu'il sera enterré comme un chien...

Toute licence aux hypocrites ! Le grand-père très chrétien aura donné le spectacle de ses amours adultères ; amours ramassées dans la boue ; ils vivront honorés quand même, parce que le clergé les aide et les défend.

Pas de fermier général qui n'obtienne l'absolution de ses péchés en les cachant sous la dévotion et le respect de l'Eglise.

Geneviève Galliot et Lamballe eussent été cent fois pardonnés s'ils eussent acheté l'indulgence pour des fautes véritables au lieu d'essayer de cacher ce qu'ils supposaient être une bonne action!

Ne sortez pas des règles, voilà l'enseignement à tirer de cette histoire... Volez, trompez, assassinez dans les règles. Couvrez-vous de cette impalpable poussière: l'apparence !

VII

Pour ne pas avoir compris ces vérités éternelles, Geneviève et Louis connurent de pires douleurs que celles d'être montrés au doigt par les pharisiens, frappés par les foudres paternelles et royales, privés de biens et d'honneurs; ils connurent celles qui résultent du mépris de soi, de la perte de sa fierté naturelle, de l'avilissement de toutes les brillantes qualités de l'âme qu'on avait prétendu sauvegarder et qu'on a livrées aux bêtes...

Lamballe sut qu'il était un lâche, qu'il tremblait du matin au soir à la pensée des colères de son père et du Roi...

Il vérifia que son amour ne résisterait pas à la crainte...

Il perdit son amour...

Quand il n'allait pas chez Geneviève, il se donnait comme motif les précautions à prendre; mais Geneviève n'était pas dupe...

Elle sentait bien, elle qui avait conservé son amour entier, que rien n'aurait pu empêcher les visites de Louis, si Louis était demeuré l'amant qu'elle avait connu.

La pauvre petite paysanne, entrée dans le monde par l'éducation que lui avait fait donner Lamballe, recevait dans son intimité deux princes, dont l'un était un ange, l'autre un démon.

L'amour lui était venu comme un don du ciel. Elle ne sut pas distinguer les intrigues de l'enfer.

Sa relégation à Clamart ne lui avait pas causé, dès l'abord, une si grande peine. Lamballe lâchait assez souvent la cour pour venir voir sa petite femme. Mais avec le temps, avec les mauvais conseils de Philippe, l'époux ne vint bientôt plus visiter l'épouse.

Après six, sept jours d'absence, il faisait une apparition de dix minutes !...

Geneviève avait épousé le prince sous le nom de Mme de Saint-Paër, nom d'un fief de la principauté de Lamballe.

Elle écrivait tous les jours à son mari, et quand elle lui avait écrit le matin, elle lui récrivait encore le soir.

Il recevait ces lettres par la petite poste.

5

Sans doute les lisait-il avec des sentiments trop complexes pour en retirer le bonheur qu'elles auraient dû lui donner...

D'ailleurs, il devait répondre, et ceci devenait affaire d'importance...

Un prince ne vit jamais seul !...

Ses domestiques le surveillent...

Quand, enfin, Lamballe était parvenu, au prix de mille précautions, à écrire sa missive, il fallait encore déployer des ruses de Sioux et d'Apache pour la faire partir.

Pourquoi ne se servait-il pas de la poste, comme Geneviève ?... Parce qu'il fallait trois jours à une lettre de Paris pour arriver en banlieue... En outre, ce qui était pour la jeune femme une distraction charmante, écrire à son mari, à son amant, devenait pour celui-ci une tâche ingrate et malaisée, faite par à-coup, clandestinement, furtivement... Dans ces conditions, s'il s'était servi de la poste, Geneviève n'aurait reçu de réponse à ses billets enflammés qu'au bout de sept, de huit jours...

Force avait donc été à Lamballe de chercher un valet de confiance, et, dans toute la livrée de Penthièvre, il ne put découvrir que le propre frère du valet de chambre qu'il avait mis auprès de M^{mo} de Saint-Paër...

Les deux frères étaient dans le secret du mariage, l'excellent Lamballe prétendant éviter ainsi à Geneviève le mépris que tout homme, pensait-il, devait avoir pour une femme entretenue...

Vous voyez que le rousseausisme persistait dans l'âme du grand seigneur.

N'est-ce pas à peu près le temps où le philosophe de Genève écrivait que la femme d'un charbonnier était infiniment plus honorable que la maîtresse d'un roi...

Nous savons trop aujourd'hui combien ces subtilités sont arbitraires...

La Révolution a pu tout renverser de l'ancien régime... Une bourgeoisie riche et audacieuse a pu s'établir sur les ruines de la noblesse. Mais les mœurs sont demeurées identiques... La maîtresse d'un roi de la finance regardera toujours avec dédain la femme d'un charbonnier, et celle-ci lèvera des yeux remplis d'admiration et d'envie sur les belles dames irrégulières passant dans une Packard ou une Rolls-Royce...

Si Lamballe avait mieux connu le monde des valets, il aurait su que la légalité n'a pas sur eux la centième partie du prestige de l'argent, et qu'il suffisait que Geneviève fût riche, et protégée par un prince, pour obtenir toutes les marques de respect possibles.

Ajoutons, tout de suite, à l'honneur des domestiques, que s'ils n'ont pas la religion de la loi, ils ont celle des coutumes, et que ces deux religions se ressemblent singulièrement. Pendant la Révolution, le dévouement des serviteurs à leurs maîtres a été constaté par tous les historiens. Tandis que les frères, les maris, les pères mêmes, abandonnaient les membres de leur famille, on possède de nombreux exemples de subalternes poussant leur dévouement jusqu'au risque de la prison, jusqu'au risque de la mort, jusqu'à la mort même. Les femmes, les domestiques formèrent à cette époque le bataillon des fidèles... Rendons-leur justice...

Les deux hommes dans lesquels les amants avaient mis leur confiance ne manquèrent pas à la tradition; ils gardèrent le secret, et, aux jours difficiles, firent l'impossible pour maintenir des relations qu'un accident avait rompues; défenseurs zélés de l'innocence trahie, du malheur persécuté...

Champagne donc, car le valet de chambre de Lamballe portait ce nom, qui n'était certainement qu'un surnom, Champagne courait la poste le plus souvent possible, — et ce n'était guère, — pour rejoindre son frère à Clamart.

Pendant que les deux domestiques buvaient la dive bouteille en s'entretenant de leurs affaires, qu'ils confondaient volontiers avec les affaires de leur maître ou de leur maîtresse, Geneviève, réfugiée dans un boudoir Pompadour, s'extasiait devant l'écriture de son chéri...

Elle était devenue plus belle de tout son amour rentré, et se trouvait dans l'état que nos auteurs galants s'accordent volontiers pour trouver le plus favorable à quelque nouvelle aventure...

Pleine d'amour, elle se voyait négligée !

N'est-ce pas ici le lieu d'interrompre cette véridique histoire par quelques réflexions utilitaires... Certes, pour l'honneur de toutes les femmes, la fidélité de Geneviève réconforte à la fois l'auteur et ses lectrices; mais c'était alors une mode si répandue pour les femmes d'avoir un ou plusieurs amants !

Hélas ! en admettant qu'une distraction eût été permise à d'autres, nous sentons bien qu'elle n'était pas permise à Geneviève.

Comment, en effet, répondre à tant de générosité par la noire ingratitude d'une tromperie ?

Ce qui, dans le cas où Lamballe lui-même n'aurait fait de la petite Galliot qu'une maîtresse largement payée, eût été une réplique normale, devenait une félonie quand il s'agissait de mariage secret, d'honneur respecté, de vie gâchée, de temps perdu...

Geneviève avait l'âme trop bien située pour ne pas penser ainsi... Elle se rongeait, se dépitait, se roulait dans un désespoir immense; elle ne songeait même pas qu'il pût y avoir un autre homme au monde que son Louis bien-aimé.

VII

Mais si elle ne pensait pas, d'autres pensaient pour elle.

Ces autres étaient les personnages des *Liaisons dangereuses*.

On a dit que Philippe de Chartres, plus

tard Philippe-Egalité, s'éprit de la pauvrette et voulut profiter de sa solitude.

Qu'il voulût profiter, c'est vraisemblable, mais qu'il fût épris, cela ne soutient pas l'examen.

Philippe-Egalité ne connut jamais qu'une forme de l'amour : le libertinage.

Faire la conquête de la belle, lui briser le cœur, c'était, à cette époque, la volupté suprême. Il n'y a qu'à s'en rapporter à la *Femme au dix-huitième siècle,* des Goncourt...

Son véritable objectif, Philippe l'avait d'ailleurs atteint par l'union secrète et illégale si, comme on l'a prétendu, cet objectif était la fortune du duc de Penthièvre.

L'idée de détourner Geneviève de ses devoirs ne lui vint pas sans doute, puisque la rupture pouvait entraîner la nullité du mariage.

Seulement, les démons ne sont pas toujours conséquents avec leurs œuvres.

L'homme un peu stupide qui porta sa

tête sur l'échafaud n'a pas toujours été habile...

Sa démocratisation fut excessive... Dans l'ombre, il fût resté un prince; à la lumière du jour il devenait un citoyen médiocre et équivoque.

Tant de déclamations, tant d'amour de l'égalité aboutirent à la décollation !

Geneviève, un matin, attendait la visite de Lamballe :

— Dis-moi, Cerise, nous sommes bien mercredi ?

— Madame le sait mieux que moi... N'est-ce pas le jour où monseigneur doit venir, et n'a-t-elle pas reçu hier une lettre de Sceaux-Penthièvre, apportée par Champagne ?

— Tu dis vrai, Cerise... Seulement, ce ne serait pas la première fois que mon cher seigneur se verrait obligé d'abandonner ses projets... Il suffirait que la cour le réclamât, ou que son père eût besoin de sa présence à Sceaux, ou encore que monseigneur d'Orléans...

— Oh ! pour celui-là, madame, il est capable de tout...

Mme de Saint-Paër avait froncé son charmant sourcil :

— Je voudrais bien, Cerise, que tu sois plus respectueuse de monseigneur d'Orléans. Il a été très bon pour monseigneur et pour moi, nous assistant de toutes ses forces... Nous n'avons pas le droit de suspecter ses intentions.

— On voit que madame n'est pas dans l'antichambre !... Quand le noble duc arrive, je peux serrer mes cottes, et m'apprêter à fuir... Il s'avance vers moi d'un tel air !...

— C'est de la galanterie courante avec les domestiques... Tu sais bien que je le blâme, Cerise; mais combien de soubrettes écoutent sans déplaisir les mauvais propos que les seigneurs leur glissent dans l'oreille...

— Avec des louis d'or !... Sur ce dernier point, je n'ai rien à attendre de monseigneur d'Orléans... Il est aussi avare que le seigneur Harpagon dans la pièce de M. de Molière, et je n'en ai encore tiré que deux ou trois écus de six francs, tandis que M. l'abbé de Mauguire n'a pas craint de me remettre une pistole... Monseigneur de Chartres me fait la cour par principe !... Ne faut-il pas lutiner toutes les servantes un peu jolies, et les chiffonner s'il se peut ?... Si je lui cédais, et s'il me survenait un enfant, je pourrais pleurer toutes mes larmes avant de lui tirer deux cents livres de rente...

— Mais monseigneur n'agit pas ainsi avec les domestiques ?...

— Ah ! monseigneur, madame, est monseigneur !... On n'en fait plus de ce modèle-là... Jamais ses yeux n'ont eu une offense pour les miens, et si je n'étais pas votre petite Cerise, je pourrais en être quelque peu dépitée...

Mme de Saint-Paër s'était mise à rire...

— Voyez-vous cette effrontée... Elle reproche à l'un d'être trop assidu et à l'autre de ne pas lui faire risette... Il faut choisir, pourtant, Cerise...

— Oh ! c'est tout choisi, madame...
Monseigneur d'Orléans m'apporte la
malemort... Sa froide et lourde figure a
toujours l'air de comploter quelque chose
contre mon honneur et celui de ma maîtresse... Est-ce qu'on peut le comparer
avec monseigneur, si doux, si poli, si ré-
servé et si généreux ?...

— Tout beau, Cerise !... Je suis bien
aise que tu aimes ton maître; cela ne doit
pas t'empêcher de recevoir monseigneur
d'Orléans avec les cérémonies de la politesse. Il sera toujours temps de crier au
secours quand le feu sera à tes jupons.

— Oh ! madame, pour monseigneur
d'Orléans, les cérémonies c'est de trous-
ser les jolies filles sans chaperon. Il n'en
ferait rien si j'avais seulement quelque
frère dans la garde pour me défendre...
Car je ne le crois pas très courageux ?...
Et en outre je le soupçonne d'avoir des
projets contre la vertu de madame... A la
place de madame, je me défierais...

— Il est seulement très respectueux et

affectueux, ma pauvre Cerise... Que voudrais-tu que je lui fasse avant qu'il ait osé me dire une effronterie ? Je te promets que s'il se permet seulement un mot déplacé, je saurai le ramener au ton de la conversation... C'est la mode à présent de feindre un grand amour pour toutes les femmes et de pousser des soupirs interminables... Tant pis pour celles qui s'y laissent prendre... C'est qu'elles le veulent bien aussi ! Crois-tu que monseigneur ait jamais eu envers moi un geste indélicat ?... Ah ! le doux et cher langage de mon bien-aimé. Tu sais jusqu'où il a été dans la voie de l'amour et du respect; car vous êtes au courant de notre situation, toi, Olive et Champagne... Et à propos de tout cela, Cerise, est-ce qu'Olive te déplaît autant que monseigneur le duc ?

— Je ne voudrais pas qu'il se risque à m'adresser un compliment trop vif, madame... J'en demande pardon à madame, mais, moi aussi, je saurais mettre le sieur Olive à sa place...

— Eh ! eh ! petite rusée, cette place, je le crois, est la meilleure... Va voir si monseigneur arrive par la route de Sceaux.

— J'y cours, madame.

— Envoie-moi Olive...

— Madame ne voudrait pas lui répéter ce qu'elle vient de me dire... Les hommes sont tellement avantageux !...

— Sois tranquille...

Quand Olive fut là, incliné devant elle, elle lui demanda s'il n'avait pas reçu quelque avertissement de Champagne.

— Non, madame... Il y a trois jours que Champagne m'est venu apporter la lettre que j'ai remise à madame... Il était même très fatigué... Je lui ai fait boire un verre de vin; il en a laissé la moitié.

— J'espère qu'il ne va pas tomber malade, s'écria Geneviève, avec l'égoïsme de la passion. Monseigneur n'a confiance qu'en lui !

— Je croyais que monseigneur devait venir céans.

— Il me l'a annoncé, Olive... Je crains

toutefois un de ces empêchements de la dernière minute qui sont si fréquents dans notre vie...

Elle soupira, et le valet la regarda avec une sorte de pitié.

C'est que la vie n'était pas bien douce pour la jeune dame.

Aimer, comme elle aimait, un prince beau et généreux, avoir à lui donner la fleur de sa jeunesse, et rester là dans une attente anxieuse, se dévorant le cœur et rougissant ses beaux yeux à force de pleurer.

Elle avait renvoyé Olive et était revenue dans son boudoir.

Le prince n'arrivait toujours pas.

Cependant, vers cinq heures, on entendit au loin le fracas d'un carrosse... Qu'est-ce que cela faisait à Geneviève ! Louis arrivait toujours à cheval, seul ou accompagné de son valet...

Mais l'amour a un tel besoin d'illusion. et la jeunesse s'ouvre à ce point à l'espérance, que la pauvre jeune femme prêtait une oreille de plus en plus attentive au bruit lointain des roues...

C'est aussi que ce bruit se rapprochait.

— Madame, vint dire Cerise, un carrosse arrive bon train vers nous... Je préviens madame afin que madame puisse mettre un peu de poudre.

Il n'en était pas besoin.

Geneviève avait toutes les grâces de la jeunesse dont la principale est la fraîcheur; et, quant au fard, l'émotion suffisait à rougir ses pommettes.

— Un carrosse, pensait-elle... Mon bien-aimé est malade...

Pendant ce temps-là, le carrosse arrivait et s'arrêtait devant la porte du jardin.

L'homme qui en sortit n'était pas le prince de Lamballe, et la pauvre Geneviève, à moitié pâmée à la fenêtre de son boudoir, poussa une exclamation où l'étonnement le disputait au dépit :

— Monseigneur d'Orléans !

VIII

C'était lui... Il n'avait pas encore les stigmates de la débauche sur sa froide et insignifiante figure... Mme de Saint-Paër, ignorante du monde, de ses pompes et de ses œuvres, le traitait en ami. Lui-même n'oubliait jamais les rites de la politesse et les marques de respect qui sont si chères aux femmes dans la situation de Geneviève... S'il y ajoutait quelques formules d'admiration, elles restaient dans les limites que la galanterie de l'époque permettait. Malgré les rapports et les avertissements de Cerise, elle le tenait pour un jeune homme de mœurs légères, mais de bon cœur, doux et serviable.

— Lamballe ne peut venir ce soir, dit-il d'un air embarrassé, et il m'a prié de vous le laisser savoir.

Comme il la vit pâlir, il reprit aussitôt :

— Rien de grave... Le Roi l'a retenu à son jeu... Ce sont corvées sans réplique.

— C'est un bien grand honneur de jouer avec le Roi !...

Le duc d'Orléans eut un sourire un peu dédaigneux... Etait-ce un si grand honneur pour un prince du sang ? Il ne laissait pas, d'ailleurs, d'être jaloux de la faveur de Lamballe. On ne connaissait pas de plus bas courtisan, et s'il disait pis que pendre du Roi dans l'intimité, il n'y avait pas de courbettes, de flatteries qu'il n'employât pour gagner les bonnes grâces du monarque, celles de la Reine...

Il y réussissait mal, Louis XVI étant vertueux, et Marie-Antoinette, très avertie de la scandaleuse conduite, des mauvais propos du sire, et surtout de sa fréquentation des milieux philosophiques...

On n'en était qu'à la guerre sourde.

Le moment devait venir où le duc descendrait l'escalier de Versailles parmi les crachats des courtisans, qui, sous prétexte de défendre leurs maîtres, les livraient à leurs pires ennemis...

— Je le lui ai quelque peu reproché, répondit-il enfin à la belle Geneviève... S'il n'avait pas passé l'après-midi dans le cercle des princesses, cela ne lui serait pas arrivé.

— Il aime beaucoup les princesses, monseigneur... Elles ont toutes les bontés pour lui.

Le duc fit une moue... Les princesses le détestaient, lui, et il le leur rendait bien. Sa réponse fut celle du renard de La Fontaine...

— C'est une carrière que je préfère ne pas courir, dit-il... Il y a là trop de jolies et perverses créatures...

Le coup porta droit. Geneviève, un moment, n'eut plus une goutte de sang au cœur. Il s'en aperçut et continua :

— Il est charmant, mon ami Lamballe, et il plaît ma foi à tous... et à toutes... N'a-t-on pas parlé de Mme Victoire ?...

— Oh ! monseigneur...

Deux larmes avaient paru dans les beaux yeux de l'enfant. Un autre aurait

eu pitié; lui n'y vit que l'occasion de s'a-
muser d'une douleur et d'un dépit...

— Ne vous offusquez pas comme cela,
ma chère enfant... Ce n'est pas le genre
à la mode... Nos belles reçoivent les pires
blessures sans rien marquer... Elles nous
les rendent avec usure... Pourquoi ces larmes, d'ailleurs, vous savez bien que Louis
vous aime. Cela ne suffit-il pas ? Ses succès sont flatteurs pour vous !...

— Ah! je voudrais qu'il ne fût ni prince,
ni riche, ni beau, s'écria la pauvre Mme de
Saint-Paër... Nous habiterions une chaumière, et je l'aurais tout à moi.

Le rire du duc l'arrêta... Venait-elle de
dire une sottise ?

— Parfait, parfait, ricana-t-il... Vous
êtes dans les idées de la cour, vous savez...
Une ferme, des vaches, une existence simple et rustique : c'est du Jean-Jacques...

— Mais, moi, ce n'est pas une simagrée.
Je le souhaite de tout mon cœur... J'ai été
une pauvre fille, monseigneur; j'ai des
goûts humbles et modestes. Nous étions

si heureux, Louis et moi, quand nous courions ensemble les rochers de la Thymerale... Nous passions des journées entières à nous promener, la main dans la main et les yeux dans les yeux...

Ce genre de distraction était très loin de ce qu'ambitionnait Philippe. Il ne pensait qu'à entasser les héritages et à voir grandir sa fortune. Quand il ressentait quelque chose auprès d'une femme, c'était une de ces passions perverses, faite de plus de haine que d'amour, où l'art d'arracher des larmes a bien plus d'attrait que celui d'amener des sourires, où l'on se prend avec furie, où l'on se quitte plein de rancune et de dépit... La petite maison aux volets verts de Jean-Jacques appelait ses moqueries, et l'idée d'un Lamballe battant les buissons et les prés en compagnie d'une bergère, lui donnait la nausée...

— On peut être riche et heureux, murmura-t-il... Voudriez-vous donc priver Louis de cette belle situation qu'il a à la

cour !... Il ne faut pas être jalouse, Geneviève.

— Mais on dit, mais on écrit que les
femmes de la cour sont si belles, si spirituelles et si méchantes... Je ne suis qu'une
sotte, moi, je n'ai que mon amour, et ma
douceur...

— Vous êtes belle aussi, Geneviève,
plus belle qu'elles ne le sont toutes, car
vous avez de l'âme...

Il parlait d'âme, et il ne savait guère
ce que c'était !... Mais la vénusté de Geneviève, son désespoir qui l'embellissait,
toute cette souffrance lui plaisait à cueillir... Il ne put s'empêcher de dire en guise
d'amorce :

— Ah ! je sais bien que si je possédais
une femme telle que vous !

— Mais, monseigneur, vous aurez,
n'est-ce pas, la plus charmante de toutes,
la sœur de mon cher Louis ?... La beauté,
la bonté, la charité !... On dit qu'elle tient
tout cela du duc, son père...

Chartres se mordit la lèvre... A travers

le charabia philosophique qui hérissait son langage, le préjugé aristocratique le dominait invinciblement... Si, plus tard, il montra quelque constance à maintenir ses déclarations démagogiques, c'est que le couteau de la guillotine était levé sur sa tête... A l'idée que Geneviève pouvait — très raisonnablement, d'ailleurs — considérer la future duchesse d'Orléans comme sa belle-sœur, une sorte de colère l'envahit :

— Laissons, dit-il, ma fiancée à ses affaires qui ne sont pas les nôtres...

Sentant qu'il allait s'aliéner Geneviève, il s'arrêta et poursuivit ensuite d'une voix pateline :

— Les mariages princiers, ma chère enfant, sont des mariages de convention... C'est le Roi qui a réglé mon union avec la fille du duc de Penthièvre... Politique d'alliances qui aboutit le plus souvent à briser les cœurs, ajouta-t-il avec hypocrisie... Ma pauvre fiancée aurait sans doute préféré un prince moins apanagé et plus à son goût. Elle ne m'aimera pas, et je ne l'aimerai pas davantage... Que n'ai-je, comme Lamballe...

Geneviève n'aimait pas beaucoup la future duchesse. Il suffisait que Lamballe n'eût pas cru devoir la mettre dans la confidence du mariage secret pour que pesât sur elle une présomption d'orgueil, sinon de mauvais cœur... « Elle est fière, » pensait-elle. Cependant, elle la défendait toujours, n'en parlait qu'avec bonté et respect.

Philippe s'aperçut tout de suite que sa petite diatribe ne faisait pas mauvaise impression, et il en profita pour s'emparer de la main de Geneviève. Il pressa cette petite main sur son cœur en essayant de découvrir sur le visage de la jeune femme la trace d'une émotion, dont il pût profiter...

Elle ne s'était pas trop aperçue du geste de ce faux ami. Son cœur était si pur et son amour pour Lamballe si exclusif qu'il eût fallu bien davantage pour émouvoir en elle l'instinct de se défendre. Lui-même, Philippe, possédait à fond la nomenclature des signes auxquels on reconnaît qu'une femme n'est pas insensible à vos avances. Il recula tout de suite, lâcha l'adorable main, en prenant un air de componction hypocrite qui était sa physionomie habituelle...

L'homme passait pour être privé de courage... Un rude cavalier comme Lamballe, emporté, primesautier, capable de se monter la tête pour l'apparence d'une injure, n'était pas l'espèce de quidam que Philippe voulût affronter...

Il quitta donc Geneviève avec de tendres et délicates paroles, avec des regards appuyés qui pouvaient tout aussi bien être ceux d'un amant que ceux d'un ami, et dont Mme de Saint-Paër ne se soucia ni même ne s'aperçut...

IX

Mais il laissait derrière lui des germes morbifères qui allaient fermenter dans l'esprit de la jeune femme, la mettre à la torture :

« Voudriez-vous donc priver Louis de cette belle situation à la cour ? »

Et encore :

« Il ne faut pas être jalouse, Geneviève. »

Justement, elle se sentait jalouse...

Jusque-là, elle ne l'avait pas été.

C'est que, pour créer la jalousie, il faut des images.

Le pervers Philippe les avait fournies.

Maintenant, Geneviève évoquait les belles dames de la cour, leurs danses, leurs toilettes, les bijoux qui ornaient leurs sourires... Comment son cher Lamballe résisterait-il à ces mines-là, lui qui ne savait soupçonner personne de perfidie, qui se perdait surtout par l'extrême franchise qu'on prenait pour du cynisme ?

La pauvre petite appartenait aussi à cette catégorie-là ; mais l'amour la rendait perspicace... Un témoin de leur vie a pu dire :

« La douce Geneviève, devenue Mme de Saint-Paër, se trouva donc obligée de passer des journées interminables, ainsi que la plupart de ses nuits, dans la solitude. Vous direz que son état n'avait que l'apparence de l'abandon ; mais qu'il était triste ! L'inquiétude ne manqua pas de succéder à l'ennui... — Un beau jeune homme, un prince !... — Un père irrité, une famille omnipotente, et peut-être vindicative ?... — Des séductions pour lui, des rigueurs pour elle, et puis l'abandon, l'oubli, sans doute !... Enfin, la malheureuse enfant gémissait, et pleurait sans relâche et sans terme. Pendant l'absence de son mari, c'était parce qu'il n'était pas là ; quand il était arrivé, c'était parce qu'il allait repartir; et quand elle ne recevait pas de lettres de lui, c'était assurément parce qu'il était prisonnier, parce qu'il était malade, ou parce qu'il ne l'aimait plus !... »

Cependant, les jours passèrent... Lamballe revint se mettre à ses pieds. Elle oublia... Son bonheur lui parut de nouveau aussi sûr que le roc, aussi durable que la création du monde... Puis, il la négligea encore; elle retomba dans ses craintes et dans sa jalousie...

Chartres ne manquait pas une occasion de faire croire qu'il était amoureux de Mme de Saint-Paër. Les gens qui le connaissaient n'en croyaient rien; mais ils supposèrent que la petite, pipée par les fallacieux propos du méchant, l'avait écouté, ou bien que Geneviève était une intrigante, qu'elle espérait manger à deux râteliers, ce que tout le monde eût approuvé...

Car, malgré tant de précautions, l'aventure du prince de Lamballe était connue, au mariage clandestin près. Monsieur le duc et les créatures de monsieur le duc n'avaient garde de dévoiler cette partie de l'affaire, encore que le Chancelier du Palais-Royal eût déclaré à M. de Fourcy que : « Malgré que la sottise de M. de Lamballe, son attachement à une petite paysanne, fût de nature à le perdre plus tard dans l'esprit de son père et du Roi, il était à craindre que le jeune prince ne vécût encore longtemps. »

Ces propos hideux étaient alors de mode, principalement dans l'entourage du duc d'Orléans; aussi se les rappela-t-on plus tard, lorsque la tragédie, suivant son cours, aboutit à la mort des acteurs.

Si triste que fût le sort de Geneviève et si irritante que fût pour Lamballe la nécessité de cacher à tous ses faits et gestes, le bonheur relatif des amants parut encore trop beau à Philippe.

C'est assez l'ordinaire de ces sortes de gens d'envier la pureté et la noblesse qui condamnent leur dépravation et leur mépris de tout ce qui est beau et bon. On a trop dit que Lamballe était un prince naturellement débauché, et qu'il n'avait fait que jouer la comédie dans son aventure avec Geneviève. Il faut croire plutôt qu'il était d'une candeur peu commune, et que, s'il perdit cette candeur et se livra à tous les vices, il le dut principalement à ses mauvaises fréquentations. Son père les craignait pour lui; mais ne fut pas informé du moment où Chartres et son fils se réconcilièrent; il ne prit donc pas les mesures qu'il eût fallu... Le pauvre garçon était encore loin de ses vingt ans et Geneviève n'en avait que dix-sept.

En tous cas le duc de Chartres et son entourage détestèrent des amants qui ne faisaient pas participer les autres à des jouissances perverses. Ils résolurent de troubler des cœurs trop uniquement occupés de se charmer l'un l'autre et d'éprouver les joies de la vertu et de l'honneur...

Le fait qu'ils parvinrent assez aisément

à détacher Lamballe doit être attribué à l'extrême jeunesse de ce prince. On a ajouté que Philippe était tombé amoureux de Geneviève. Si cela est vrai, le genre de passion éprouvée par ce triste personnage ne pouvait être que satanique... La suite de l'aventure le prouvera. Mais cet amour est improbable... Il est plus probable que la coterie de Philippe, après avoir pendant longtemps essayé d'entraîner le prince au partage des scènes de débauche et d'orgie, voyant, ou supposant qu'elle ne réussirait pas de ce côté sans ébranler d'abord le profond amour où Lamballe prenait son appui, s'acharnèrent sur la pauvre Geneviève.

Nous avons déjà vu le duc dans son rôle d'inquiéteur...

Des lettres anonymes dénoncèrent à la jeune femme ce que l'on appelait la conduite légère de son mari. Elle n'y crut pas; mais elle en souffrit quand même; selon la coutume. Lamballe, d'ailleurs, par sa seule présence, effaçait les traces de ces infamies...

Pouvait-il aussi supprimer la jalousie, ce tourment de l'enfer ? Pouvait-il empêcher que Geneviève ne montrât un désir immodéré de cette présence qui était le seul remède à tant de maux?

Lamballe commença de trouver sa maîtresse incommode.

En revanche, les ennemis de son bonheur lui offrirent des délassements et des ivresses. Ils le pressèrent d'oublier tant de scènes désagréables avec des femmes libres qui ne demandaient que des plaisirs et de l'argent, et savaient feindre l'amour sans en exiger les sacrifices et les dévouements... Il s'abandonna bientôt à ces joies faciles...

Alors, Chartres jugea qu'il était mûr pour les orgies de Mousseaux (1).

En effet, il y vint. Il connut l'abomination des petits soupers, les courtisanes

(1) Mousseaux pour Monceau. Le pavillon qui a vu les orgies de Philippe est encore debout au parc Monceau... La chronologie établit difficilement l'existence de ces orgies en 1767.

servies comme un dessert. Il connut aussi les remords qui suivent, pour un aimable et honnête jeune homme, ces scènes faites seulement pour les plus hardis coquins.

Tout pouvait s'arranger encore : Lamballe, dans un de ces coups de tête qui lui étaient familiers, n'aurait eu qu'à se séparer violemment d'une société qu'il méprisait et haïssait, à retourner chercher auprès de Geneviève la force de résister à des entraînements qui, s'ils convenaient à son âge et à son tempérament, ne convenaient guère à sa nature chevaleresque...

Chartres et sa coterie veillaient...

Et ils résolurent de frapper un grand coup.

Ils se procurèrent une de ces femmes que les malheurs de leur situation amènent à contracter une maladie honteuse... Cette créature, adorable de beauté et de grâce, avec un visage angélique et une âme de boue, fut chargée, au milieu des éclats de rire de l'aimable société peinte dans les *Liaisons dangereuses*, de communiquer son mal au mari de Geneviève...

X

Pendant que se préparait l'affreux drame, un autre se déroulait à Clamart.

Mme de Saint-Paër recevait une lettre anonyme où, cette fois, on ajoutait des précisions à la médisance; « un billet insidieux et mesuré dans ses termes », dit le témoin de cette vie, « où l'on représentait les précautions, la prudence, et toute la conduite d'un jeune prince que l'on n'osait pas nommer à l'adorable M. de Saint-Paër, sous un jour perfide, comme étant le symptôme assuré d'un naturel inconstant, d'un cœur volage et d'une rupture inévitable à laquelle il était nécessaire et prudent de se préparer ».

On imagine le coup reçu par Geneviève à la lecture de ce billet. Plusieurs heures durant, elle fut folle, et pensa vingt fois perdre la vie. Hélas ! la jeunesse, qui a des forces pour souffrir, en a bien davantage pour vivre !

Elle sortit de ses cris, de ses pâmoisons, de ses larmes, avec un cœur prêt à tout endurer de nouveau pour revoir, ne fût-ce qu'une fois, le visage du bien-aimé.

Il lui semblait que cette entrevue suffirait à tout expliquer, ou, du moins, à tout apaiser; car tels sont les mirages où se complaisent les amoureux...

— Mon Dieu, suppliait-elle dans son désespoir, rends-moi le cœur de Louis. J'abandonnerai facilement fortune et honneurs. Je reprendrai ma robe de chevrière... Je cesserai d'être pour lui une occasion d'outrage, une crainte de scandale. Pourvu qu'il revienne de temps à autre me voir, qu'il me prenne dans ses bras, me presse sur son cœur, et reconnaisse dans sa Geneviève celle qui l'aime avec vertu et désintéressement.

Des jours passèrent, Lamballe ne fit aucune apparition à Clamart. Il écrivit seulement quelques lettres, s'excusant sur de nombreuses occupations.

En ces heures si pénibles pour elle, Geneviève montra une abnégation complète. Elle écrivit à son mari, s'efforçant de ne montrer que son amour, jamais ses appréhensions...

Champagne apportait les courtes réponses...

Il y avait bien à craindre qu'une indiscrétion se produisît de ce côté; car Champagne était le domestique de confiance de Lamballe, son maître de manège, et l'accompagnait aux soupers de Mousseaux. Certes, il n'approuvait pas les débordements de son prince, mais, jeune et actif, il finit par trouver de l'agrément dans la compagnie de valets et de soubrettes corrompues...

Put-il tout cacher à son frère?

On l'ignore...

Lamballe, un soir, l'avertit qu'il fallait se rendre une fois de plus à Mousseaux. Deux coursiers sellés les attendaient... Ils franchirent à vive allure la distance qui sépare Penthièvre du lieu de plaisir où les attendait un sort effroyable...

Ils trouvèrent la compagnie ordinaire, fort excitée et alléchée par le mauvais coup qui se préparait. C'était, on le sait, le temps des grandes mystifications. Celle qu'elle méditait ne peut trouver d'excuse que dans la légèreté avec laquelle la jeunesse a toujours considéré les maladies secrètes. Ce fut au milieu des rires et des plaisanteries qu'on faucha dans sa fleur la jeunesse de M. de Lamballe...

Il avait déjà fort mauvaise mine; car l'inconduite à laquelle il s'était résolu, le privait de repos et lui donnait des remords...

Tout de suite, on le fit boire d'un vin à la cantharide. Enivré et surexcité, le pauvre n'y tint plus et reçut de la jeune femme vouée à ce rôle, le terrible mal dont on mourait plus facilement en ce temps-là que de nos jours. Le pauvre Champagne subit le même traitement, et c'est bien ce qui prouve la préméditation d'un méchant... Ne s'agissait-il pas en effet de séparer le prince de Geneviève ? Le valet malade ne pourrait plus porter les messages... Geneviève outrée finirait par se livrer à son persécuteur...

La chose arriva comme elle était prévue.

Lamballe, à la suite de cette soirée, tomba malade au point de ne pouvoir bouger de chez lui; ce qui laisse à supposer qu'il ne s'agissait pas seulement d'une maladie contagieuse, généralement plus lente à se manifester, mais aussi d'un empoisonnement par des liquides dangereux...

Le calcul de celui qui complota cette odieuse affaire fut juste. Le prince alité ne put sortir, et la maladie de Champagne empêcha toute communication entre les amants.

Le duc de Penthièvre, avisé de l'état de son fils, sut aussi que celui-ci avait été souper au jardin de Mousseaux en fort mauvaise compagnie, c'est-à-dire avec des amis du duc de Chartres et de Mlle Duthé (1).... Le pauvre Lamballe, resté d'abord quarante-huit heures dans son lit, avait reçu de son médecin l'assurance qu'il devait rester éloigné des femmes honnêtes... Et le duc de Penthièvre, comme toute la maison, s'étonnait fort de voir arriver continuellement le facteur de la poste avec des lettres de Clamart auxquelles Lamballe ne cherchait même pas à répondre puisque Champagne était aussi malade que lui...

Une tristesse mortelle et une profonde inquiétude le ravageaient...

(1) La Duthé fut choisie pour donner les premières leçons de plaisir au duc de Chartres...

XI

Mais ce n'était rien à comparer avec l'état où se trouvait Geneviève.

Après quelques jours passés dans l'attente et dans les larmes, elle avait reçu une nouvelle lettre anonyme dans laquelle on lui dénonçait les excès, l'inconduite de son bien-aimé.

Cette fois, l'auteur de la lettre donnait des détails si précis qu'on n'en pouvait douter... Après avoir passé en revue toutes les femmes qui avaient été l'objet des attentions de Lamballe, et notamment Mme Victoire de France, fille de Louis XV, on finissait par raconter l'orgie de Mousseaux, les choses honteuses que le prince avait faites sous l'empire de la boisson et du poison, la maladie qui s'en était suivie, et qui empêcherait certainement

M. de Lamballe de sortir de ses appartements de plus de six mois !

Il est impossible d'imaginer que cette lettre pût être écrite par une autre personne qu'un des convives de Mousseaux, et lequel y avait plus d'intérêt que Philippe ?

La misérable Geneviève, déjà en proie à tant de soupçons depuis qu'elle avait lu les lettres précédentes, crut d'abord mourir de douleur, et ç'aurait été certes la meilleure chose qui pût lui arriver. Mais, sans doute, un reste d'espoir lui demeurait à l'âme. Après tant de lettres sans réponse, elle renonça à la poste, envoya Olive... Il revint sans avoir pu communiquer avec son frère ni avec le prince.

Alors, Mme de Saint-Paër, écrivit à Lamballe la lettre la plus folle, dans laquelle elle annonça son départ pour Penthièvre: elle voulait, disait-elle, prendre sa place au chevet de son mari...

Lamballe épouvanté se servit de la poste pour enjoindre à sa femme de rester à Clamart....

« Il y allait, écrivait-il, de l'honneur d'un prince. »

Ce fut pour l'aimable fille un nouveau coup d'assommoir... Nous verrons plus loin comment elle y répondit, car il nous faut revenir à Lamballe.

Pris entre le terrible secret de son mariage, qui devait, pensait-il, le brouiller à jamais avec un père qu'il adorait, et le désir de vengeance qui le portait à agir contre le duc de Chartres, malade, de surcroît, et sentant que le désespoir amènerait Geneviève à quelque dangereuse extrémité, il résolut de se confier à la marquise de Créquy dont il connaissait la vive affection... Bien qu'elle fût dévouée corps et âme au duc de Penthièvre, le prince pouvait compter sur sa discrétion qu'il savait à toute épreuve...

La marquise le trouva à la limite du désespoir...

La maladie que l'on craignait venait de se déclarer...

Louis, qui avait cru d'abord se rendre

un peu plus tard auprès de Mme de Saint-Paër, et arranger par sa présence une situation tellement embrouillée, s'était maintenant soumis aux ordonnances des médecins : aucune relation amoureuse n'était possible entre lui et Geneviève. Sa réserve à cet égard ne manquerait pas d'exciter la surprise, les soupçons jaloux dont ils avaient déjà tant souffert ces derniers mois.

Mme de Créquy en était à gronder le prince sur l'ambiguïté de sa conduite, lorsque parut la duchesse de Bourbon, sœur du duc de Chartres. Elle venait annoncer que son frère était malade, lui aussi, à la suite du souper de Mousseaux, et qu'il devait avoir bu quelque mauvaise drogue...

Or, ceci, malgré la sincérité de la duchesse de Bourbon, n'était pas vrai. En réalité, Philippe, épouvanté après coup du terrible tour qu'il avait joué à son futur beau-frère, et craignant que quelque chose en arrivât aux oreilles du Roi, par le canal des Penthièvre, alors très bien en cour, s'était empressé de feindre une maladie sérieuse afin de paraître la première victime de l'orgie de Mousseaux, et il avait écrit à Lamballe une longue lettre que celui-ci, outré, lui avait renvoyée sans la lire...

Ce refus d'entendre un fourbe plaidoyer jeta la terreur dans l'âme du coupable. Il garda la chambre pendant que ses amis surveillaient les événements.

Il ne se départit de ces précautions qu'après la visite de sa sœur au prince malade; parce qu'il devenait très sensible, selon Mme la duchesse de Bourbon, que Lamballe était aussi désireux que Chartres lui-même d'éviter le scandale. « Le déshonneur d'un prince, » avait écrit Lamballe à Mme de Saint-Paër... Ce prince était Philippe. Tout ce qu'on put dire au duc de Rambouillet à cet égard ne le fit pas changer de résolution. L'accusation lancée contre le fiancé de sa sœur, contre un prince du sang, ne le sauverait pas lui-même d'un blâme justifié et retombe-rait sur toute la famille royale.

Philippe reprit donc de l'assurance, et, sans quitter sa chambre, il y donna de joyeux soupers de quinze à vingt person-nes avec lesquelles il passait sa nuit à boire et à jouer... Mme la douairière de Conti n'en pouvait cacher son indigna-tion. N'avait-il pas, trois jours auparavant, gagné seize mille louis à son petit-fils, le comte de la Marche. C'était, à n'en pas douter, l'oiseau de proie de la famille !... D'ailleurs, il se servait, pour arriver à ses fins, de moyens qui confinaient au crime; car M. de la Marche avait été enivré soi-gneusement avant de prendre les cartes... Et qui dira si quelque liqueur cyprine n'avait pas été mêlée aussi à ce vin-là; puisqu'on avait cru bon de faire venir les courtisanes ?...

La consternation était partout... La grand'mère Conti et le futur beau-père Penthièvre, également épouvantés, n'o-saient parler au Roi, de peur que cela ne retombât sur des innocents.

Sans doute, s'ils eussent connu la vérité en ce qui concernait Lamballe, se fussent-ils fâchés pour de bon.

Le duc de Penthièvre adorait son fils.

La maladie de ce dernier, la tristesse persistante qui y succédait, réduisaient le père au désespoir... Mais il ne soupçonnait pas les menées criminelles de Philippe. On n'en était plus à la poudre de succession !... Il y avait des moyens tout aussi sûrs, et que, par surcroît, on pouvait faire retomber sur la tête des victimes !

Mme de Créquy, au courant de toutes les manigances de Chartres qu'elle détestait de tout son cœur, ne pouvait desserrer les lèvres, ayant promis de garder le silence...

Le lendemain de la visite de la douairière de Conti, Penthièvre, qui devait aller rendre visite à la marquise, lui écrivit un mot pour la prévenir qu'il ne pouvait sortir de chez lui : son fils venait d'être frappé d'un transport au cerveau auquel avait succédé un sommeil léthargique.

L'alarme fut extrêmement vive...

Le médecin ordinaire Bordeu, en qui Lamballe n'avait, d'ailleurs, pas mis sa confiance, s'étonnant de si grands et si redoutables symptômes, réclama une consultation... Poissonnier fut appelé et aussi Lassuse et Bitaume. Même, on courut vers Bouvard, craignant ce que l'on appelait à cette époque une fièvre capitale. Le fameux vin additionné d'un mélange cyprin y était certainement pour quelque chose; mais la grande cause du mal était la syphilis qui a souvent des effets terribles sur les organisations nerveuses, et qui, d'ailleurs, mal connue et mal soignée à cette époque, dépassait la science des médecins...

Bref, le malade devint inaccessible à tous, particulièrement à Mme de Saint-Paër, à l'heure même où sa présence aurait été le plus nécessaire...

La maladie de Champagne compliquait la situation au point de la rendre tragique...

XII

Pendant que ces événements suivaient leur cours, Geneviève se tordait dans les accès du plus violent désespoir... Lamballe ne répondait pas à ses lettres. Elle n'en avait reçu qu'une, et c'était pour lui défendre de venir à Penthièvre... Elle ne vivait plus... Dans cette extrémité, le frère de Champagne fut employé de nouveau, toujours avec le même insuccès, mais rapportant la nouvelle que l'état du prince empirait à vue d'œil.

Son prince et sa vie, Geneviève n'était guère capable de faire la différence. L'inconduite de Louis, les tromperies dévoilées de Louis, certes avaient brisé son cœur; mais si l'on imaginait qu'un amour comme celui de Geneviève pût céder à la douleur ou au dépit, on se trompait fort...

Lamballe était tout pour elle...

Etre à lui, vivante ou morte, résumait sa pensée la plus profonde.

Donc, si le prince devait mourir, elle ne voyait qu'une chose à faire; c'était de le suivre dans la mort.

La journée se passa en divagations et en tergiversations. Elle lut et relut les maudites lettres anonymes. Une nuit atroce succéda à une journée épouvantable. Au matin, il ne lui resta plus aucun courage pour vivre, et quand, décidément, elle constata qu'aucune nouvelle de Lamballe ne lui parvenait, elle prit du poison en quantité assez grande pour être sûre de rejoindre son bien-aimé dans la mort, vers laquelle il voguait...

Le frère de Champagne, à la vue de la jeune femme en proie à des vomissements et à des pâmoisons terribles, obtint d'elle l'aveu du suicide... Il s'élança comme un fou vers Sceaux-Penthièvre, décidé à trouver, fût-ce en compromettant Lamballe, du secours pour sa malheureuse maîtresse.

Il ne resta plus auprès de Geneviève que sa soubrette...

Mais en apprenant que sa maîtresse s'était empoisonnée, Cerise perdit la tête... Sa conduite inconsidérée vint ajouter un nouvel élément dramatique à des circonstances si tragiques en elles-mêmes...

A cette époque, les lois sur le suicide subsistaient dans toute leur rigueur...

On se rappelle que le corps du fils Calas fut traîné sur une claie dans les rues de sa ville.

Le beau corps de Geneviève était menacé de la même profanation.

Cerise n'y pensa pas d'abord...

Elle courut le long des routes de Clamart pour demander de l'aide, criant et avouant partout que sa maîtresse s'était empoisonnée...

Le public, avec son habituelle malfaisance, une fois informé, loin de compatir au malheur de Geneviève, se porta en foule vers la maison maudite pour assister au trépas de la pauvre fille, à laquelle

on annonça qu'elle irait tout droit en enfer, et que son corps, traîné sur la claie,
serait enterré au pied de la potence.

Cependant, Olive, le frère de Champagne, faisait diligence, arrivait à Sceaux-
Penthièvre... Comme on était au plus fort
de la crise cérébrale du prince, le valet se
vit repoussé partout. En vain essaya-t-il
de communiquer avec son frère qui râlait
à l'infirmerie du Refuge... Désespéré, il
se souvint que Mme de Créquy était une
amie du duc de Penthièvre, et, fort de la
connaissance qu'il avait du mariage secret, il ne craignit pas de se présenter chez
la marquise dans l'espoir qu'elle s'intéresserait aux amants.

Elle l'accueillit avec une sorte de joie,
car, depuis plusieurs jours, elle voyait se
développer sous ses yeux des événements
dont elle n'apercevait que trop l'horrible
suite et l'horrible origine...

Elle se rongeait d'être obligée au silence, et de n'être bonne à rien.

Le valet lui raconta l'empoisonnement

de Geneviève désespérée d'un si long abandon de la part du prince, son mari, et persuadée que celui-ci allait mourir...

— Oh ! madame, dit-il, venez à notre secours... Cerise a malheureusement rendu public le suicide de notre malheureuse maîtresse. Les gens du village ont pénétré jusque dans la maison, et il n'est pas de mauvaises paroles qu'ils n'échangent devant elle...

— C'est une chose grave qu'un suicide, murmura Mme de Créquy qui avait des principes sévères....

— Il n'y a pas là de suicide, madame, mais seulement de la folie...

— Je vais incontinent prévenir mon chirurgien Baudret...

— Oh ! oui, madame, mais ne traînez pas : nous ne trouverions qu'un cadavre.

Baudret était chez lui, par bonheur, et il voulut bien accompagner Mme de Créquy dont le carrosse rebondit bientôt sur le pavé du roi...

Tout en courant la poste, elle essayait

de se remémorer les méfaits et les crimes de ce duc de Chartres qu'elle détestait par-dessus toute chose, et elle comprenait bien que Geneviève et Louis avaient été victimes de manigances dont le but caché pouvait bien être de débarrasser la succession du duc de Penthièvre des héritiers ou plutôt d'un héritier gênant.

— La colère de Dieu, pensa la bonne dame, ne tombera-t-elle point sur ce criminel !

En attendant, elle tombait sur l'innocente Geneviève et sur ce pauvre Lamballe qui n'avait pas plus de fiel qu'un pigeon...

L'une agonisait dans sa petite maison de Clamart où elle aurait dû rencontrer les ravissements que procurent aux hommes la jeunesse et l'amour. L'autre se roulait dans son lit à Sceaux-Penthièvre, consumé par la fièvre d'un mal hideux, en proie à tous les diables, et veillé par le père le plus tendre et le plus indulgent auquel il avait eu tort de ne pas se confier.

Tout cela était l'œuvre d'un méchant caché sous la peau d'un prince qui n'arrêterait pas là ses méfaits, si on le laissait aller.

— Ah ! Dieu de justice, implorait la marquise, sauvez-nous d'un tel gredin !...

Si elle avait pu voir dans l'avenir, elle aurait frémi bien davantage... Tout un peuple, travaillé par les mêmes intrigues et les mêmes intrigants qui entraînaient à la mort Geneviève et Louis, s'abreuverait un jour dans le sang des plus illustres victimes. Ce Philippe qu'elle accusait, après avoir travaillé à la mort du Roi et de la Reine, monterait sur l'échafaud dont il avait été le pourvoyeur, et l'on prétendrait que, pour vaincre les affres et l'horreur de la mort, il était monté sur la sinistre plate-forme dans un parfait état d'ébriété (1).

— Ces chevaux n'avancent pas, disait Mme de Créquy au chirurgien Baudret

(1) Répétons ici que c'est une version d'ennemis du duc... Toutefois, la vie infâme de Philippe ne plaide pas en sa faveur...

qu'elle avait pris avec elle dans son carrosse, et le pavé du roi est bien raboteux !... Je crains que nous n'arrivions chez notre malade en lambeaux...

— Que va devenir ma pauvre maîtresse ! criait Olive en se tordant les mains.

— Il faut espérer que nous la sauverons, et se confier à Dieu.

Olive se signait et priait, ce que Mme de Créquy approuvait fort... Elle joignit bientôt ses prières à celles du valet. Tous deux supplièrent le ciel en faveur du très haut et puissant seigneur de Lamballe et de l'humble et mélancolique Geneviève Galliot devenue son épouse selon les lois d'une humanité farouche...

Olive y joignit une prière pour le malheureux Champagne qui expiait au Refuge, soigné par des sœurs indignées, le crime de son dévouement...

La grande dame et le domestique se retrouvèrent dans une pitié commune, pendant que le carrosse franchissait les dernières distances qui les séparaient de Clamart.

Baudret ne disait rien : il repassait en lui-même tous les cas d'empoisonnement qu'il avait soignés. Bientôt les roues cerclées de fer touchèrent les pavés du village et, retentissant contre la façade des maisons, en firent sortir les villageois...

C'était des populations habituées aux grandeurs. Le modeste train de la marquise ne les frappa d'aucun étonnement.

Ils étaient d'ailleurs trop occupés du drame de la petite maison où Geneviève, brûlée par le poison, poussait des cris de douleur et appelait son bien-aimé.

Le concours de la population devant la demeure de l'empoisonnée ne faisait que grossir depuis le départ d'Olive. La pauvre Cerise avait fort affaire de les empêcher de se livrer sur l'agonisante à des violences que leur suggéraient la religion et les mœurs.

— Mais laissez donc ma pauvre maîtresse mourir en paix, disait-elle.

— Elle sera traînée, criaient les commères... Nous préparons la claie... Et elle sera enterrée au pied de la potence !

— Allez plutôt avertir M. le vicaire de Sceaux qui lui apportera les derniers sacrements avec l'absolution... Ne voyez-vous pas que madame n'a agi que par un acte de folie ?...

Là-dessus la controverse s'établissait, les uns tenant pour Dieu, les autres pour le diable; mais tous restant à la même place, encombrant la rue et les appartements où l'on ne pouvait plus circuler.

— Hep ! hep ! criait le cocher de Mme de Créquy en fouettant ses chevaux.

— Voyez-vous le beau bélitre qui veut écraser les gens, hurlait la foule, qui donc êtes-vous pour que nous vous cédions ?

Déjà Olive était sorti à mi-corps de la voiture et s'efforçait de calmer le mécontentement populaire... La foule ne bougeait pas, immobilisant les chevaux pendant que le cocher sacrait et envoyait des coups de son fouet à droite et à gauche.

— Place ! place !

La marquise, comprenant que les choses prenaient mauvaise tournure, se dé-
cida à montrer un visage sévère à la portière de son carrosse.

— Bonnes gens ! cria-t-elle... Ecoutez-
moi donc un peu.

Alors les plus rapprochés imposèrent
silence à ceux qui les suivaient et bientôt
on eût entendu voler une mouche :

— Je suis la marquise de Créquy, dé-
clara la bonne dame, et prenez garde que
le Roi prenne très mal votre conduite...

Plusieurs personnes dans la foule, dès
qu'elle se fut ainsi désignée à leur attention, se rappelèrent cette figure bourrue et
un brouhaha d'admiration et de soumission remplaça les cris aigres et violents
de tout à l'heure...

— Vous feriez mieux de rentrer chez
vous et de prier pour une pauvre âme en
peine qui a bien besoin de vos prières,
poursuivit la marquise... Croyez-vous que
vos criailleries et votre manque de cha-

rité et de bonté soient agréables aux oreilles de Dieu?... M. le vicaire de Sceaux est en route, et je pense qu'il a plus de lumière que vous pour discerner le bien d'avec le mal... Allons, faites place à mes chevaux, ou il pourra vous en cuire...

Il leur en cuisait déjà, car le cocher, jugeant la partie gagnée, allongeait de grands coups, et sa mèche s'enroulait par-ci par-là autour d'une cuisse ou d'une épaule, y laissant une marque brûlante...

— Laissez passer la marquise de Créquy, hurlait-il...

Oui, laissez passer la marquise, et donnez un moment de paix à Geneviève.

La misérable enfant ne cessait de pleurer et de sangloter.

Elle se trouvait pour lors dans la période d'excitation où le poison agit sur le cerveau. Des images défilaient sans cesse devant ses yeux lui montrant le bonheur perdu sous les traits d'un ange qui était Louis de Lamballe, et le malheur accouru sous les traits d'un démon qui était Philippe de Chartres...

Mais elle ne trouvait aucun repos... Cerise avait fort affaire de lui présenter à boire le peu d'eau qu'elle vomissait incontinent, et de lui essuyer les lèvres auxquelles arrivait parfois un peu d'écume sanguinolente.

— Ah ! Dieu soit loué, s'écria-t-elle en apercevant Olive qui précédait la marquise et le chirurgien Baudret, voilà enfin des gens à figure humaine... Depuis ce matin, madame, je n'entends autour de moi que les aboiements d'une meute... Personne n'a de pitié pour un si grand malheur !

Déjà Baudret était penché sur Geneviève, et tout de suite, il lui donna d'un émétique qu'il avait apporté. Il obtint ainsi quelque soulagement. On y ajouta un verre d'eau dans lequel on avait mêlé un blanc d'œuf battu en neige... La malade, après quelques vomissements, et cette eau calmante, eut une minute de repos... Elle rouvrit ses beaux yeux, regarda autour d'elle... C'est ainsi qu'elle aperçut la marquise.

— Qui êtes-vous donc, madame ?

— Je suis la marquise de Créquy... Lamballe est trop malade pour voyager : je suis venue à sa place...

XIII

Laissons ici la parole à la marquise elle-même :

« Sa femme de chambre avait perdu la tête ; elle avait appelé tout le village au secours de sa maîtresse, et la chambre se trouvait remplie d'une foule de curieux à qui mon arrivée n'en imposa pas médiocrement. J'en profitai pour tâcher de faire maison nette en les envoyant chercher un prêtre; mais le tabellion me fit observer que M. le Curé n'y consentirait peut-être pas, attendu que cette pauvre dame était *la propre cause de sa mort*. Je leur dis de me laisser seule avec Mme de Saint-Paër, et lorsque mes gens s'en mêlèrent en leur disant fièrement et solennellement que j'étais Mme la marquise de Créquy, dont ils n'avaient jamais ouï parler, ils se retirèrent avec soumission.

— Ah ! madame !... Quel excès de bonté !... C'est vous, madame?... Ah ! madame !...

« Et voilà tout ce que pouvait me dire cette belle et douce Geneviève, dont j'aurais voulu prolonger les jours aux dépens des miens... Hélas ! il était trop tard, le poison qu'elle avait pris, et qu'elle avait trouvé moyen de se procurer je ne sais comment, avait déjà brûlé ses entrailles; elle ne pouvait pas vivre plus de sept à huit heures, et Baudret m'avait prédit que la torpeur allait succéder à l'état convulsif...

« Elle implorait l'assistance de son confesseur, à grands cris, mais c'était le vicaire de Sceaux qui n'arrivait pas...

— Votre mari, lui dis-je, a beaucoup de confiance dans un des prêtres de cette paroisse...

— Mon mari, s'écria-t-elle avec un égarement terrible... Vous savez qu'il est mon mari ! il vous a dit... Ah ! pardonnez-moi, grand Dieu ! pardonnez-moi mon crime !... Il avait dit à madame de Créquy, à l'amie de son père... Il avait dit que j'étais... Et comment n'ai-je pas su qu'il l'avait dit... Ah ! Dieu de miséricorde ! Et j'avais pu douter de votre bonté ! Pardonnez-moi mon défaut de lumière ! Pardonnez-moi mon ignorance et mon aveuglement, mon défaut de confiance en vous ! Mais voilà tout le monde qui sait à présent que je me suis empoisonnée... Hélas ! madame ! ayez la bonté de me faire guérir, ou, du moins, faites en sorte que mon pauvre corps ne soit pas enfoui sous la potence et traîné sur la claie !

— Malheureuse enfant, lui dis-je alors, mettez-y de l'humilité, du courage et de la résignation ! Je ne saurais vous promettre de l'empêcher et peut-être ne le voudrai-je point, si notre créateur ne vous permet pas de vous réconcilier avec lui... Faites-en le sacrifice à Dieu, au prochain, pour le bon exemple; je ne saurais en conscience entraver la justice du Roi, quand il agit en vue de la justice de Dieu. Repentez-vous de ce grand péché, de ce crime affreux que vous avez commis...

— Et Monseigneur?...

— Il est aussi malade que vous...

— Ah ! tant mieux ! tant mieux ! Nous allons nous rejoindre !... »

Au milieu de ces transports et de ces confidences, car Mme de Saint-Paër n'avait pas tardé à raconter à la marquise toute l'histoire de ses amours, et comment ils avaient été troublés, Baudret continuait à donner ses soins.

Il se rendait compte que l'état de la jeune femme était désespéré. Le terrible arsenic, combattu trop tard, achevait ses ravages, brûlait le sang et les vaisseaux...

Elle parlait encore, elle parlait trop, mais l'agonie approchait.

— A cette période d'exaltation succédera bientôt une période de torpeur, dit-il à Mme de Créquy, en la tirant à part... Et grâce soit rendue à Dieu, car elle souffrira moins... Si le vicaire se présentait, elle pourrait se confesser et faire son *mea culpa.*

— Ne possédez-vous aucun remède ?

— Elle est perdue, madame... Les entrailles sont rongées par le poison... Même si elle vivait, sa vie serait un long martyre...

— Elle échapperait à la malédiction de Dieu et à la réprobation de l'Eglise et du peuple, monsieur Baudret... Elle ferait son salut...

— Hélas ! dit avec un triste sourire le chirurgien Baudret, à qui les considérations religieuses ne faisaient pas le même effet qu'à la marquise, hélas ! le plus faible espoir nous est interdit. Tâchez d'obtenir que le prêtre prenne ceci comme un acte de démence... Cette enfant n'a pas agi de sang-froid, mais sous l'impulsion d'une fièvre chaude.

La marquise le regarda un moment avec admiration.

— C'est la lumière du jour ! s'écriat-elle... Baudret, vous me sauvez d'une peine infinie... Il faut que vous répétiez bien votre propos au vicaire de Sceaux qui va venir, et que nous sauvions l'âme de la pauvre fille, et aussi la réputation de la maison de Penthièvre... Le scandale sera bien moindre !

Ils parlaient encore qu'on annonça le vicaire de Sceaux...

Geneviève, qui s'était un moment assoupie, se réveilla :

— On ne va pas me traîner sur la claie! s'écria-t-elle. Mon père, j'ai péché...

— Taisez-vous, ma fille, dit la marquise en lui mettant la main sur la bouche... Dieu est infiniment bon... Il sait que vous avez agi dans un moment de folie...

— Oh ! cela est bien vrai, madame, j'étais folle... Je ne savais pas ce que je faisais !

La marquise se tourna vers le prêtre :

— Vous l'entendez, monsieur le vicaire, il s'agit d'un acte de démence...

— Un accès de fièvre chaude, ajouta le chirurgien Baudret.

— Il y a quelque apparence que madame a pris de ce poison par erreur, suggéra le vicaire.

— Madame, ne me quittez pas, supplia Geneviève, en apercevant le mouvement de la marquise se préparant à la retraite.

— Je vous laisse à votre confession, mon enfant.

— Je peux très bien me confesser devant vous, madame... Et c'est une telle consolation pour moi... Ils vont encore venir me crier des injures, parler de l'enfer, me promettre la claie et l'enterrement au pied de la potence. Qu'est-ce que je leur ai donc fait ?

— Rien, dit la marquise... Vous êtes une bonne et belle fille, c'est ce qui les enrage... Vous n'irez pas en enfer, vous ne serez pas enterrée au pied de la potence... N'est-ce pas, monsieur le vicaire ?...

— Non, madame, la miséricorde de Dieu est infinie... Il ne confond pas les actes commis dans un accès de fièvre chaude avec ceux que l'on commet sous le signe de Satan. Confessez-vous, ma fille, en toute vérité et en toute humilité.

— Je vous laisse Baudret, dit Mme de Créquy, craignant que la question de démence ne fût encore soulevée après son départ. Il vous aidera, monsieur le vicaire.

A ce moment même, Geneviève se mit à délirer, parlant d'Anet, de rochers, de sa pauvre mère... Elle confondait tout. Le chirurgien le fit observer au prêtre.

— Je vais lui donner d'un vulnéraire qui lui éclaircira les idées, dit-il... Mais cette petite tête-là nous donnera du tintouin, monsieur le vicaire...

— Elle ne doit pas avoir beaucoup à dire, reprit le vicaire... Elle menait la vie la plus simple et la plus confiante... Et l'abbé Mauguire m'a raconté des choses...

— Chut, monsieur le vicaire, gronda la marquise... Nous ne savons rien... Mais tout est à l'honneur de la pauvre enfant...

Elle était déjà partie... Le vicaire écouta

Geneviève soignée par Baudret... Elle s'accusait surtout d'avoir manqué à l'amour :

— Qu'est-ce qu'il dira, Monsieur le Curé ?... Ah ! je l'aimais au-dessus de tout !... C'est lui qui m'avait appris à connaître notre sainte religion... Et il est malade ?... Il va peut-être mourir aussi ? Oui, j'ai péché, mon père, j'ai péché contre lui... On nous a perdus... On nous a empoisonnés. Mais il ne faut pas le dire... Il y va de l'honneur d'un prince !

Baudret regarda le confesseur en touchant son front... Le vicaire se pencha sur Geneviève :

— Etes-vous en état de dire l'acte de contrition ?

Elle se mit à réciter pendant que le vicaire préparait les huiles sacrées...

— Quel bonheur, s'écria-t-elle quand elle aperçut le prêtre en étole qui la bénissait et prononçait l'*absolvum fac est...*

Cependant la marquise, ayant donné l'ordre à son valet de pied d'aider Olive et Cerise à maintenir l'ordre et à éloigner les importuns, monta dans son carrosse...

— Le vicaire l'a-t-il confessée ? criait la foule.

— Confessée et absoute, répliqua Mme de Créquy d'un ton pénétré... La pauvre fille n'avait pas sa tête... Et d'ailleurs, elle a pris de l'arsenic croyant prendre de l'émétique ! Priez pour elle. Elle est bien malade... Si elle meurt, ce sera une sainte au Paradis.

Ils ne savaient plus que penser ; ayant tellement vitupéré toute la journée contre le suicide et ses fruits, qu'ils ne pouvaient en revenir si vite... La marquise les gagna aussi par quelque argent distribué aux plus pauvres, qui étaient aussi les plus acharnés, et poursuivit sa route, assurée que tous ses propos lèveraient comme fleur en terreau, et ne pourraient qu'aider à la lessive d'âme de M. le Vicaire...

Quand elle se présenta chez le duc de Penthièvre, celui-ci la reçut incontinent, bien qu'il eût consigné à sa porte toutes autres visites. Mais il avait fait une exception pour la douairière de Conti et pour Mme de Créquy, qu'il aimait tendrement...

D'ailleurs, il la conduisit au chevet de Lamballe.

XIV

Celui-ci battait la campagne; mais, chose singulière, il ne parlait pas de Geneviève, de sorte que le duc ne soupçonnait pas pourquoi le malade avait manifesté tant d'agitation et donné si souvent l'ordre de lui amener Champagne, son maître de manège...

Si M. de Penthièvre ignorait le mariage secret, la complicité de Philippe, le désespoir de Geneviève, il n'était pas sans savoir que son fils avait eu une grande passion pour une jeune personne du village d'Anet... Telle était cependant la noblesse du duc, qu'il n'en avait jamais parlé à son fils, estimant que celui-ci devait avoir des raisons pour ne pas se confier... Nous ne doutons pas cependant qu'il connût Geneviève, et Mme de Créquy raconte, avec le pathos du temps, une circonstance qui le prouve :

« M. de Tessé protégeait beaucoup le peintre Greuze, et me l'avait envoyé pour me montrer de ses tableaux. Ceux qu'il apporta chez moi consistaient dans une scène champêtre qui lui fut achetée cinq cents louis par M. de Penthièvre, et dans plusieurs portraits, de fantaisie, supposai-je, au nombre desquels il y avait une tête de jeune fille que je trouvai d'une beauté si noblement et si religieusement naïve, que j'en voulus faire acquisition pour la mettre dans mon oratoire, en guise d'image ascétique; mais c'était un portrait... Il n'appartenait pas au peintre; et Greuze avait l'air contrarié de ce que cette peinture attirât à ce point mon attention. Il y avait quelque chose de mystérieux dans l'embarras de ses réponses : « Il ne savait pas trop... Il ne pouvait pas dire... » Et l'idée que je ne reverrais jamais cette charmante figure, était un véritable chagrin pour moi. J'en éprouvais une espèce d'attendrissement pénible, ainsi qu'une jeune fille mélancolique ou romanesque qui verrait un admirable garçon pour la première et la dernière fois de sa vie, sans savoir son nom ? sans avoir eu seulement la consolation d'en avoir été remarquée !... On vint m'annoncer M. le duc de Penthièvre : il acheta le grand tableau sans en demander le prix (Greuze était persuadé, bien justement, qu'il n'aurait qu'à s'en féliciter); mais S.A.S. le pria de lui faire une copie de ce tableau que j'aimais, et ce fut de si bonne grâce, avec tant de persistance et de courtoisie, que ce même tableau m'arriva tout justement pour la veille de ma fête, c'est-à-dire au bout de quinze jours. Je remerciai l'anonyme obligeant qui me faisait une galanterie archangélique, et je la fis d'abord exposer à l'admiration de mes fidèles, à côté de moi, dans mon second salon. »

Or, ce portrait était celui de Geneviève Galliot... Voici comment la marquise le sut. Un jour, on lui annonce M. de Pombal :

« J'étais donc arrivée dans mon salon, dont la porte était ouverte, et c'était sans aucun bruit, par la raison que vous savez, puisque je ne fais jamais ôter mes tapis. J'aperçois M. le prince de Lamballe, et non pas le marquis de Pombal, ambassadeur portugais, qui regardait fixement cette figure de femme, avec une expression tellement étrange...

— Chère maman !... qui vous a donné ce portrait ? comment se trouve-t-il ici ?...

— Mais, Monseigneur, c'est M. le duc de Penthièvre, qui me l'a donné !...

— Mon père ?... c'est mon père !... Et le voilà qui tombe comme foudroyé, sans avoir eu le temps de chanceler ni de pâlir.

« Mon premier soin fut d'envoyer défendre ma porte, et je ne voulus le faire soigner que par notre fidèle Dupont, sa femme et leur neveu, parce que ce sont des gens à l'épreuve, et que je craignais qu'il ne parlât plus qu'il ne le voudrait.

« Son évanouissement se termina par une hémorragie tellement violente, que tous ses vêtements, et surtout sa veste et sa cravate, étaient couverts de sang, au point qu'on fut obligé d'envoyer à l'hôtel de Toulouse, afin d'en rapporter d'autres habits. »

Penthièvre donc savait quelque chose, mais il tomba de son haut lorsque Mme de Créquy lui raconta le reste.

— Un mariage secret ? s'écria-t-il.

— Un mariage secret... Hélas, ce n'en sera plus un dès ce soir, car la pauvre enfant va mourir.

Elle dit alors comment Louis de Lamballe était tombé dans les griffes de Philippe, comment le mariage avait été célébré devant l'abbé Mauguire et se trouvait être parfaitement valable aux yeux de l'Eglise ; comment la radieuse passion des premiers jours s'était changée en un triste et décevant amour ; comment Lamballe, fatigué de feindre, fatigué d'aimer, conseillé par des démons, était allé à ce souper de Mousseaux, qui avait servi de prétexte à l'empoisonnement de Louis et de Champagne... Elle ajouta les lettres anonymes, le désespoir de Geneviève, l'arsenic...

Penthièvre avait un cœur d'or. C'était l'homme le plus juste et le plus bienfaisant du royaume, et il adorait son mauvais sujet de fils :

— Ah ! dit-il à Mme de Créquy en se tordant les mains, tout ce qu'il a fait c'est par la crainte de me déplaire; mais comment se peut-il que vous, ma meilleure amie, vous n'ayez pas pris la peine de m'avertir ?

— Je n'avais que le choix entre refuser de l'entendre ou le serment de ne rien rapporter. Je vous avoue, mon cher ami, que j'hésitai d'abord... Il y a longtemps de tout cela, et je crois bien qu'à l'époque vous en saviez presque autant que moi...

— Est-il possible ?

Mme de Créquy lui rappela alors l'histoire du portrait de Greuze.

— C'est vrai, dit le duc, je savais que Louis avait ce que je supposais être une passion d'enfant pour Geneviève Galliot... Je n'ai pas trouvé mauvais qu'il fît élever cette petite paysanne par le Curé de Rouvres, et je me suis persuadé à moi-même qu'il n'y avait rien de répréhensible dans cette passion de jeunesse... Il m'est arrivé d'avoir des doutes en voyant Lamballe persévérer dans le célibat... Mais on racontait ses bonnes fortunes à la cour !... Mon pauvre enfant ! J'aurais dû m'inquiéter davantage... J'aurais dû surtout ne pas croire à cette réputation de Don Juan, qui allait si mal avec son esprit sérieux... Peut-être qu'en le pressant j'aurais obtenu, moi aussi, la confidence qu'il vous a faite tout naturellement, parce que vous êtes bonne et douce, et assez indulgente, sous vos dehors bourrus, pour tenir lieu de mère à un orphelin.

— Ne me parlez pas de mon indulgence, grogna Mme de Créquy, je m'en suis fait des reproches sanglants, et pourtant je ne lui ai pas épargné les plus dures paroles : « Souffrez et patientez, lui disais-je, on ne manque pas impunément aux obligations de son état; voilà pour vous, Monseigneur! et quant à Geneviève, innocente et faible créature que vous n'auriez pas manqué d'éloigner et d'éviter avec soin si vous l'aviez aimée parfaitement, au lieu de lui faire le malheureux présent de votre cœur et de votre main ! Sachez donc, mon pauvre enfant, que lorsqu'on est déplacé dans sa position sociale, ce n'est jamais sans inquiétude et sans trouble ! Il en est des êtres sociaux comme des individus matériels, il ne leur est pas bon de sortir de leur élément. Joignez-y les alarmes et les frayeurs ! et les angoisses mortelles !... Vous n'avez pensé qu'à vous, mon Prince; vous avez cru faire un généreux trait de véritable amour en épousant une campagnarde, et vous n'avez fait qu'un acte d'égoïsme ! Au demeurant, vous êtes un homme, un véritable homme, et qui plus est, un amoureux des mieux conditionnés; vous n'avez songé qu'à vous, mon cher ami, c'est la coutume, et ce serait encore une preuve que vous êtes de sang royal ! »

— Je vous reconnais bien là, ma bonne amie, s'écria le duc de Penthièvre.

— Je ne vous ai pas raconté ce que j'ai souffert de ne pouvoir répondre à votre confiance. Mais j'avais promis de garder le secret... Rappelez-vous ce jour où je vous ai vu si sombre et si préoccupé... Vous m'avez dit alors, avec un air de surprise et d'effroi : «Comment; vous paraissez contrainte avec votre meilleur ami ! Vous me cachez quelque chose. — C'est vrai, vous ai-je dit en pleurant, ne m'en demandez pas davantage et dites à votre fils que j'irai le voir demain matin. »

— Oui, je me souviens... Nous sommes tous des aveugles, ma pauvre amie, et je serais très empêché de dire si c'est ma faiblesse ou ma rigueur qu'il faut déplorer... Il semble bien que la crainte que Louis avait de son père l'ait porté à commettre un acte clandestin. Avec un peu plus d'affectueuse indulgence, j'obtenais qu'il me prît pour confident et...

— Et vous êtes le meilleur des pères, mon cher ami... Ne cherchez pas dans votre conduite les raisons qui ont mené une aventure de jeune homme à la tragédie d'aujourd'hui. Votre première faiblesse a été d'accepter les fiançailles de Chartres avec votre aimable fille...

— Le Roi le désirait.

— Il n'y a plus rien à faire de ce côté; mais il fallait tenir Lamballe éloigné d'un tel mauvais sujet...

— Je pensais l'avoir fait... Louis lui a toujours marqué de l'aversion... Je n'ai rien tenté pour les rapprocher... Lorsqu'un étranger parlait devant mon fils des méchancetés et des dépravations de Chartres, je le laissais aller, surprenant dans la physionomie de Louis toute l'horreur que lui inspirait son cousin.

— Hélas, ce qui les a fait se retrouver après une longue brouille, c'est l'idylle de Lamballe avec Geneviève... Chartres usa des plus odieux expédients et se servit de tous les mauvais conseillers qu'il rencontra... Quelques-uns de ceux-ci découvrirent l'aventure. Chartres, qui voyait Lamballe inquiet, pris entre son désir de posséder Geneviève sans faillir à la parole donnée à la mère de la jeune fille et la crainte qu'il avait de vous déplaire, a su flatter un impérieux penchant: c'est chez lui qu'eut lieu le mariage secret ; c'est son chapelain, l'abbé Mauguire, qui le célébra.

— Ah ! chère amie, que ne donnerais-je pas aujourd'hui pour sauver cette enfant !...

— Le poison, au physique comme au moral, a fait son œuvre, mon cher ami... Lamballe semble détaché de Geneviève... Quant à elle, Baudret la tient pour morte... Mais il vous reste un devoir à remplir.

— Ah ! oui, je vous comprends; il me reste à porter une consolation suprême à Geneviève...

— Voilà le vrai chrétien ! Vous consentiriez ?

— Ne perdons pas de temps...

Le même carrosse qui avait conduit la marquise, conduisit le duc et son amie à Clamart.

Depuis que la nouvelle s'était répandue d'une absolution donnée par le vénérable vicaire de Sceaux, et d'un doute sur l'acte de Geneviève, présenté comme une méprise, la population était rentrée dans le bon sens... Elle entourait encore la maison de sa rumeur d'essaim; mais il n'y avait plus de colère et de malédiction, il n'y avait plus que de la pitié.

XV

Quelle ne fut pas la surprise universelle quand on vit le carrosse de la marquise, et quand le duc de Penthièvre en personne jaillit par la portière.

Beaucoup de spectateurs se jetèrent à genoux.

— Priez, leur dit le duc, priez pour une si noble et si pure agonisante, et priez aussi pour moi et pour mon fils.

Le vicaire de Sceaux s'était précipité vers Penthièvre avec toutes les marques du plus profond respect :

— C'est véritablement une sainte, monseigneur.

— Devant Dieu, murmura le duc, elle était ma fille. Sa confession a dû vous l'apprendre.

Le vicaire cilla pour marquer qu'il n'ignorait plus rien de cette histoire, sans livrer toutefois le secret du confessionnal.

Mme de Créquy a raconté la scène qui se passa entre Geneviève mourante et le duc de Penthièvre :

« Geneviève ! Geneviève ! entendez-vous et reconnaissez-vous ma voix ? (c'était au bout d'une heure et demie d'absence, et la malade était tombée dans l'affaissement narcotique, immédiatement après avoir reçu l'absolution).

— Voici M. le duc de Penthièvre; il m'a dit en sanglotant : — Comment ? la femme de mon fils, de mon unique et cher enfant, mon fils bien-aimé !... — Allons à Clamart; je veux la voir et la bénir, sa femme !

— Sa femme... articula-t-elle avec les lèvres et sans aucun accent de la voix; mais comme j'étais assurée qu'elle n'était pas encore privée de connaissance, et qu'elle ne serait pas insensible à ces paroles de consolation : — C'est le duc de Penthièvre, lui dis-je encore, il est auprès de vous !...

« Elle ouvrit les yeux; elle regarda sans voir, d'abord; ensuite elle suivit, en soulevant péniblement ses paupières, un rayon de soleil qui faisait scintiller la plaque de diamants que portait M. de Penthièvre... — Elle se mit à sourire avec une douceur ineffable, en disant : — Comment... ai-je pu... mériter ?... Pardonnez-nous, monseigneur !... — Votre fils... C'est tout ce que put dire Geneviève expirante.

— Mon fils vous avait élue pour sa compagne en présence de Dieu ! puisque l'Eglise a consacré votre union. Vous avez reçu la bénédiction du Père universel, de notre Père qui est aux cieux; je vous pardonne et je vous bénis autant qu'il est en moi; je vous bénis! Je vais prier avec vous et pour vous, ma fille !...

« Elle avait rendu l'âme avant qu'il eût cessé de prier, et d'après la beauté, la candeur et la sérénité de sa figure, on aurait dit que c'était de joie qu'elle était morte. »

On voit que, jusqu'à la fin, le duc conserva le caractère romantico-sentimental à son intervention. Il est probable qu'il n'était pas fâché, au fond de lui-même, d'être débarrassé sans conteste d'une mésalliance qui lui aurait valu la colère du Roi; mais cela n'empêcha pas qu'il eût pitié de la pauvre petite dont les ailes étaient venues se brûler à ce foyer de haine et d'intrigues qu'est la cour. Il fut toujours un homme plein de cœur, d'une faiblesse désespérante, rallié, comme tous les nobles, à cette révolution qui devait les massacrer, et incapables de l'arrêter au point où elle serait restée un bienfait, au lieu d'être un des plus affreux désordres de l'histoire...

Poussa-t-il aussi loin sa bonté et son respect pour Geneviève Galliot qu'on l'a dit ? Il l'aurait fait enterrer à Dreux, dans l'église de Saint-Etienne, auprès de sa femme, de la mère de Lamballe : Marie - Thérèse - Félicie d'Este de Modène (1) ?

Les Penthièvre, on le sait, n'étaient que des bâtards de Louis XIV, des descendants de La Vallière. Ils auraient pu montrer la morgue et l'insolence des parvenus : ce fut tout le contraire... Les d'Orléans, princes légitimes, monopolisèrent en ce temps les mauvaises actions, les crimes aussi bien que les sottises de l'aristocratie. Philippe-Egalité fut démagogue par calcul. Sans doute n'éprouva-t-il pas une grande difficulté à l'adoption des mœurs révolutionnaires, car il avait une bassesse naturelle. S'il la montra particulièrement dans l'aventure de Geneviève, on peut croire que Lamballe accepta un rôle odieux...

L'historien s'y reconnaît difficilement, car la coterie orléanaise se plut à couvrir le fils de Penthièvre des plus abominables imputations. Lamballe n'avait pas vingt

(1) Voir la note sur le tombeau de Dreux, plus haut.

ans! Ses amours précoces avec Geneviève sont plutôt à son honneur. S'il y manqua à la fin, encore l'y trouve-t-on engagé avec ferveur et générosité. Nul n'en dira autant de Chartres. Le rôle de Lamballe fut d'un sot, celui de Philippe fut d'un traître.

On pense bien, d'ailleurs, que l'histoire de Geneviève, dénaturée avec des centaines d'autres par la famille d'Orléans, quand celle-ci occupa le trône de France, peut, à beaucoup, paraître apocryphe... L'impossible fut fait pour enlever à la conduite de Philippe-Egalité, père de Louis-Philippe, ce qu'elle avait de trop crapuleux ; mais il en reste assez pour condamner le petit-fils du Régent...

Pendant que Mme de Saint-Paër mourait dans les bras du duc de Penthièvre, Lamballe délirait toujours à Sceaux, en proie à la fièvre... On ne lui apprit que plus tard la mort de sa femme. Son désespoir fut grand, du moins en apparence. La faction orléanaise nous le représente comme un être parfaitement dépravé, qui oublia bien vite la tragédie dont il avait été la cause, et se remit aux plus infâmes débauches... Selon cette version, Penthièvre, affolé par l'inconduite de son fils, se hâta de le marier avec Marie-Thérèse-Louise de Savoie-Carignan, célèbre plus tard comme favorite de Marie-Antoinette et, finalement, suppliciée au début de la Terreur...

Pour les amis de Penthièvre, Lamballe, après une longue convalescence, sortit du chagrin que lui donna la mort de Geneviève comme l'or du creuset. Il fut un prince parfait et se maria avec résignation, par obéissance pour son père. Cette légende se trouve infirmée par les dates. Le mariage eut lieu, en effet, en 1767; Lamballe n'avait pas vingt ans. On raconte qu'il y fit figure de martyr.

« Funeste alliance et sinistres fêtes ! s'écrie Mme de Créquy. Je verrai toujours dans la chapelle de cet hôtel de Toulouse, qu'on avait décorée superbement avec des milliers de lustres, des fleurs et de riches tentures brochées, je verrai toujours cette belle figure du Prince de Lamballe, avec des larmes dans les yeux; et les deux familles consternées, cette jeune fille qui pleurait en voyant la tristesse de son fiancé. Il n'était ni plus pâle, ni plus *défait*, comme dit le peuple, après sa mort, laquelle ne manqua pas d'arriver peu de temps après son mariage. Je ne vous rapporterai rien des bruits publics, à ce triste sujet, je n'ai rien su d'indubitable, et je me suis promis de ne jamais parler sur le duc d'Orléans avec témérité. Mme de Lamballe était la beauté, la bienveillance et la vertu même. Vous verrez que sa douceur et sa bonté n'ont pu fléchir les tigres qui l'ont déchirée sur l'autel de l'Egalité. »

La vertu et l'honnêteté de Lamballe ne semblent avoir existé que dans l'esprit de la marquise. En tous cas, il n'eut que quelques mois pour se montrer un prince parfait... A peine marié, il retomba dans les pires débauches... Est-ce encore Philippe qui l'y entraîna ? Lui non plus n'avait que vingt ans en 1767, et il faut lui supposer une précocité effroyable, pour accepter qu'il ait criminellement poussé Lamballe à la mort. En tous cas, celui-ci mourut dix-huit mois après son mariage. Il avait eu le temps de communiquer la syphilis à sa femme. Philippe Egalité, lui, épousa la fille du duc de Penthièvre en 1769. Le père alla vivre loin du monde. La petite princesse douairière de Lamballe devint la favorite de Marie-Antoinette. Elle jouissait d'une rente viagère de trois cent soixante mille livres... Les ennemis des d'Orléans ont supposé que Philippe, à qui ces trois cent soixante mille livres devaient revenir à la mort de la princesse, la fit assassiner aux Carmes en 1792...

On se rappelle que le tribunal, gagné par l'argent de Penthièvre, avait acquitté Mme de Lamballe. Les prisonniers étaient livrés aux bourreaux au cri de : « A la Force ! » quand ils devaient mourir, tandis qu'on criait : « Elargissez ! » pour signifier qu'ils étaient libres... Ce dernier cri accompagna la sortie de la favorite de Marie-Antoinette. Les bourreaux, ainsi que cela se pratiquait, l'accompagnèrent à travers la cour, l'aidant à enjamber les cadavres, lorsque, par jeu, le perruquier Maillard, prétendant que la princesse portait une perruque, voulut l'enlever à l'aide de sa pique. Il manqua les cheveux et toucha le front. Le sang coula sur la figure de Marie de Carignan-Lamballe, et la vue de ce sang fit croire aux bourreaux qu'ils s'étaient trompés, qu'il s'agissait d'une victime désignée à leurs coups... Elle fut hachée à coups de sabre, sa tête tranchée et promenée, couverte du sexe de la princesse, devant la fenêtre de la Reine.

Depuis la mort de Geneviève, vingt-cinq ans s'étaient écoulés; peut-on imaginer que la cupidité de Philippe ait poursuivi cette malheureuse victime et qu'il ait pu comploter sa mort dans des circonstances aussi imprévues? Qui veut trop prouver ne prouve rien.

L'acte du duc de Chartres, poussant

Lamballe à la débauche, est mieux dans les habitudes du patron de Choderlos de Laclos, et la précocité même est un argument contre lui.

FIN

6803. — Impr. A. LEMERRE, 6, rue des Bergers, Paris.

— 1930 —